Maria Ackermann
Die Farben der Angst

Zur Autorin

Maria Ackermann wurde 1953 in Limburg a.d. Lahn geboren. Sie ist verwitwet und lebt seit kurzer Zeit mit ihrem Lebensgefährten in dem beschaulichen Ort Mittelstrimmig im Hunsrück. Dies ist ihre erste Buchveröffentlichung.

Seit ihrem 14. Lebensjahr bringt die Autorin das, was sie bewegt, in Gedichten und Kurzprosa zu Papier. Lyrik bedeutet für sie die Umwandlung von Gesellschaftskritik in eine angemessene Form.

Nach Beendigung ihrer beruflichen Tätigkeit als Dipl. Sozialarbeiterin in der Beratung und Begleitung von Spätaussiedlern und Asylbewerbern sowie im Sozialen Dienst eines Jugendamtes, findet Maria Ackermann nun die Muse und auch Neugier, sich in dem Labyrinth innerer Angst zu verirren. Platz bleibt dennoch für Erheiterndes und eine Portion Selbstironie.

Durch den jähen Tod ihres Ehemannes aus den Lebenszielen und Träumen heraus gerissen, erfüllt Maria Ackermann nach einem Prozess der Selbstfindung und Neuorientierung mit großer Dankbarkeit dessen Wunsch, mit ihr gemeinsam lyrische Gedanken zu veröffentlichen. Wohl wissend, wie Donald Marquis (1878-1937) es beschrieb „Wer Gedichte veröffentlicht, wirft ein Rosenblatt in den Grand Canyon und wartet auf das Echo".

Zum Buch

Die Gedichte der Autorin begeben sich in Abgründe, Ausgeliefertsein, Liebesleid und Einmischung in die verkrusteten Strukturen vorgegebener Lebenszeit. Sie zeigen die kritische Weltbetrachtung der Autorin, den Schmerz und die Beklommenheit bezüglich der Versteinerung und Ausbeutung von Gefühlen, die Wehrlosigkeit gegenüber egoistischer Selbstliebe und Beziehungsunfähigkeit.

In der anrührenden, eindrucksvoll bebilderten Erzählung „Mimosenaugen" begegnen wir der Liebe, der Sorge um zwei Katzenwaisen sowie bedingungslosem Vertrauen.

Der Kurzroman „Die Farben der Angst", nach dem dieses Buch benannt ist, beschreibt die Gedankenflut einer sterbenden Frau, ihre grellgelben Lebensängste und grauschwarze Angst vor sich selbst. Und es ist auch die Geschichte einer späten Heilung, die abrupt beendet wird.

Mit der Lyrik von Georg Roos, dem verstorbenen Ehemann der Autorin, erfährt das Buch einen gedanklichen Rahmen, mit dem sich der Leser, die Leserin identifizieren kann.

Dieses Buch kann - immer wieder zur Hand genommen - bereichern und nachdenklich machen.

Die Farben der Angst

Lyrik und Prosa
von Maria Ackermann

literarischer Nachlass
von Georg Roos

Illustrationen
von Dr. Roswitha Hantschel

Bibliografische Information der Deutschen
Nationalbibliothek:
Die Deutsche Nationalbibliothek verzeichnet diese
Publikation in der Deutschen Nationalbibliografie;
detaillierte bibliografische Daten sind im Internet
über http://dnb.dnb.de abrufbar.

© 2017 **Maria Ackermann**
Illustration: **Dr. Roswitha Hantschel**
Umschlaggestaltung: **Maria Ackermann**
Umschlagfotografie: **Maria Ackermann**
weiterer Mitwirkender: **Georg Roos +**

Herstellung und Verlag: BoD - Books on Demand,
Norderstedt
ISBN: 9783744854610

Für meinen verstorbenen Mann
der Geduld mit mir hatte
alltäglich und auch sonst

Dank an Werner - für alles

Inhalt

Blaue Braut

Sie schlug den blauen
Schleier aus Eis und Sonne
Zurück und legte sich auf
Das Bett in den Farben der Angst

später

erst spüren sie das
leben in den gliedern
strecken die flügel öffnen
die augen

dann spielen sie im lauen
regen tollen umeinander
summen die melodie
des sommers

später atmen sie die
nacht fliegen um
das licht der
laternen und verbrennen

Zu Hause

Aus den Steinen bist du
mir geboren - Moosgewand
bedeckt deine Schwäche
Aber die Hände öffnen ruhig
eine Tür aus Träumen uns
Der Fuchs spiegelt sich in
deinen Augen - ich suche
Schutz und du bereitest
in deinen Armen ein Stück
Heimat mir

times change

weißt du noch
als wir fliegen
konnten ohne abzustürzen

auf sommerwiesen keine
blumen pflückten weil
wir das leben liebten

jede ameisenstraße uns
vergessen ließ alle
wichtigen termine

du bist mir
abhanden gekommen
ich stecke bis zu den
hüften in zähem morast

die zeit
arbeitet gegen uns

Capodanno

Wenn du allein bist
Von Grauen geschüttelt einsam verharrst

Wenn du Isolation verinnerlichst
Schreckensstarr im Nebel

Sprechblasen produzierst
Aus Sehnsucht nach Schweigen

Dein Körper sich aufbläht
Weil Luft dir zum Atmen fehlt

Dann wirf dich vor den Zug
Dann stürze dich in den Abgrund
Dann öffne den Fallschirm nicht
Dann tauche zu tief
Dann breche im Eis ein
Dann irre durch die Wüste
Dann spiele mit dem Feuer
Dann nimm dich ernst

gedankenspiele

habe einer fledermaus
gelauscht an einem
sonntagabend fast
war der montag schon
flügellos hereingebrochen

*

die weisheiten der welt
mit löffeln geschlürft
überprüfte wahrheiten
nutzlos in anbetracht
des richtigen verankerns
einer kinderhaarspange

*

wir eröffnen den kindern
himmelreiche und nehmen
sie mit einem federstrich
wir sehen sprachlos wie
an offenen gräbern keine
tränen sich in augen zeigen

Der Nachbar

Dachte erst es ist 'ne Krähe
Während ich den Rasen mähe
Hüpfte sie auf jenen Ast
Schimpfte mich einen Rabauken
Mittägliche Freuden rauben
Hab' es ihr geglaubt auch fast

Doch es war gar keine Krähe
War der Nachbar den ich sehe
Selten nur und dann nicht gern
Nie von Nähe lieber fern

Eigentlich ist's mehr ein Rabe
Mit der gar nicht seltnen Gabe
Krächzend alles auszupacken
Sei'n es Bauplan oder Macken
Sei's der Meter Stacheldraht
Der Zäune äußerst haltbar macht

Haltbar wie gute Nachbarschaft
Die allzeit durch Gardinen gafft
Und triefend aus dem vollen Maul
Läuft Gülle stinkend ab und faul
Verzeiht mir Raben - und Krähenmeute
Es war'n wie immer nur die Leute

Die Pizzeria

In den Teig arbeitet er Tage des Säens
Ackerkrume hart und schwer
Schwielige Hände das Pferd am Pflug
Er mischt das verarbeitete Korn mit
Dem klaren Wasser blau glänzender Gletscher
Auch Erinnerungen - Grashalme - Kinderlachen
Gibt er dazu und vertraut dann
Des Feuers züngelnden Launen.

Über den hölzernen Tisch schmiegt sie
Ein Tuch gewebt aus Wattebäuschen
Versponnen gedreht die Bläue des
Himmels und seiner Augen färbt sie hinein
Schalen - ihrer Hände entwachsen
Geformt - gebrannt.

Den Gästen reichen sie den Wein
Erbe der Väter gebeugter Rücken
- Aroma des Meeres -
Manchmal berührt sie seine Hand.
Sein Blick ruht still auf ihr.

Brandung

Brandung - Unterhöhlerin
Keine Sprache wird dich
je erfassen keine Berechnung
raubt dir die Kraft

Möwenstreichlerin - Wiegenlied
der Gischt im Gefieder

Schutzwall du – Aufrührerin
gegen alle Begrenzungen
Anarchistin mit der glatten
Haut Schmerz erst
bei der Berührung doch gnädig
entlässt du diejenigen die

sich ergeben – ruhiges Meer jenseits

outdoor

sie lacht als
blieben die blätter auf
den bäumen kein
herbst weit und breit
aufkommende stürme treiben
blüten in sein herz
falten von der stirn
stärker als der tod schon
wieder ihr kaffee

Meine Katze und ich

Meine Katze und ich
lesen gerne in Büchern
an denen man sich reiben kann

Und manchmal eine tote Fliege
mitten im spannendsten Mordfall

Oder kurz vor der Krönung
irgendeines Königs

katzenträume

es ist diese besondere nacht
in der die katzen ihre pfoten kreuzen
und lange zur milchstraße schauen
oder hinter das universum
oder zu diesem weggeworfenen fisch
der schon stinkt jedoch
so köstlich die kehle kitzelt

Zeitzeugen

Unser Leben liegt in
Steinen verflochten auf
Dem Meeresgrund

Schrei auf Tiefe werfe
Deine Schatten weit
Über unsere Hoffnung

Sanft gleitet deine
Verzweiflung sterbender Ozean
Wüstengleiche Unendlichkeit
Endlicher Zeit wassergetränkte
Augen erblicken Nichts

Drachenschlucht

Liebster - wie viele Drachen
bekämpfst du in dir
wollen sie doch nur liebkost
werden lege deine Lanze
in meine Hand das Moos
kühlt dir die Brust

Alles Blech oder was?

Ihre rote Farbe glänzte nach intensiver Wäsche und wohligem Heißwachs.
Ihre Hüften schlank wie eh und je. Ausgewogene Temperatur, Lederlenkrad, Sportsitze.
Kess fuhr sie den holprigen Steinweg hinauf, ließ sich den 2. Gang nicht anmerken und hupte verhalten.

Er stand im Halbschatten und hob leicht die Scheinwerfer als er sie kommen sah, ansonsten wartete er einfach ab. Zwei Fenster ließen sich nicht mehr schließen, dafür klemmte die Tür. Seine weiße Weste glaubte ihm sowieso niemand mehr. Löcher in den Polstern, aber dieser Geruch nach frischem Gras und Höhenstraßen. Er hatte viel geschleppt, er war ein wenig müde.

Sie fuhr auf ihn zu und bremste abrupt. Ihre Scheinwerfer fanden die seinen. Oh, oh, pass auf, am besten den Rückwärtsgang einlegen und weg, aber dieser Duft. Sie vergaß sich und senkte alle Scheiben. Das Schiebedach nach hinten fallen lassen, raus mit den Sitzen, weg mit den Türen. Freiheit!

Er startete und versagt. Boden öffne dich, da stand er mit abgesoffenem Motor und schaute betreten.

Sie legte den Gang ein und fuhr sanft hinter ihn. Ihre Stoßstangen berührten sich. Sie gab sinnlich Gas und half ihm auf den Weg.

Später noch erzählten die Leute von zwei ineinander verhakten Fahrzeugen, die leise hupend in der Dunkelheit verschwanden.

Türen

In meinen Armen
weintest du heute Nacht
deine Grenzen habe
ich überschritten die
Mauern abgetragen mit
der Wärme meiner Haut
Welche Verantwortung legst
du vor meine
geöffneten Türen

Ohne Dich

An welchen Tischen dieser
Welt hast du gesessen
Wie oft hat mein flüchtiger
Blick dich nicht gestreift
Welches Brot war nicht
benetzt von Tränen wo
blieb deine Sehnsucht unter
welchen Sternen sollte ich
sie suchen warum erreichte
mich die Nachricht erst
bei Sonnenuntergang

Gesichter

So schwer zu leben jedes
Geräusch eine Bedrohung ein
Hingeworfenes Wort messerscharfer
Schnitt der Klinge

So schwer zu leben grüne
Wiesen verkünden ein Ende
Das Kind entwindet seine Hand
Mit kaltem Blick

So schwer zu leben das Ich
Atmet nicht mehr unter Wasser
Doch feindlich die Luft

erfurt 1

schlafe du
der nachtvogel ist weitergeflogen
die dunklen wolken
lieben dieses haus
halten ihren schützenden
atem über dich
bewachen deine angst
so kann sie nicht entkommen

erfurt 2

erwachend liegt
ein mensch schlafend
neben mir
sehr vorsichtig bedecke
ich seinen körper
mit meinen tränen
er hat sie mir gestern
heimlich in die augen
gestreut

Zauberberg

Nun liegt die Zeitung aufgeschlagen vor mir und diese vier Zeilen sind – meinem Gefühl entsprungen – nun schwarz auf weiß landesweit zu lesen. Tagelang werde ich nun das Haus nicht verlassen können. Ich habe mich sichtbar gemacht.

Doch ist die Resonanz weitaus geringer als befürchtet und bewegt sich durchweg in den Niederungen verzweifelten Paarungswunsches.

Ein wenig abgekämpft vom Stress der Straße und ohne Emotionen schließe ich einige Tage später den Briefkasten auf und halte eine Botschaft in den Händen die unmissverständlich ist und doch mich zweifeln lässt ob nicht eine Verwechslung vorliegen könne.

Jedoch bin ich nicht bereit, auf einen Irrtum – in meiner Person begründet – hinzuweisen.
Ich folge also dieser Einladung auf den Zauberberg und nehme vorsichtshalber meine Tarnkappe und das Fangnetz mit.

Kaum dass ich das Ortsschild hinter mir gelassen habe, verliert der Sommertag jede Farbe und die Häuser verschwinden in nebligem Grau. Menschen sind nirgendwo mehr zu sehen.

Doch mutig fasse ich das Netz und halte die Maske bereit. Schuhe und Strümpfe lege ich ab. Unter den Füßen wird der Waldboden immer weicher. Es fühlt sich an wie das Watt des Meeres, jedoch der Fuß sinkt nicht ein, gleichsam als ginge ich auf der Wasseroberfläche.

Der sich verengende Weg lässt kein Ausweichen zu. Käme jetzt jemand entgegen, könnte nur eine Umarmung uns aneinander vorübergehen lassen.

Der Berg scheint unerreichbar, ich gehe schon seit Stunden. Selbst das Singen der Waldvögel erstirbt. Ein Bach fließt neben meinem Weg. Ich kann das Wasser wie Eiszapfen brechen, doch es kühlt nicht.

Die von mir getragenen Gegenstände dagegen werden schwer und schwerer. Und ich entscheide mich, ein Teil zurück zu lassen.

Würde ich mich für die Tarnkappe entscheiden, wäre meine Schwäche weithin sichtbar. Ließe ich das Fangnetz zurück, entglitte mir der Gesuchte, ehe ich ihn erreichen könnte.

So entscheide ich mich für die Tarnkappe. Dann muss ich die Jacke fester um mich binden. So gegürtet erscheine ich unverwundbar und das Fangnetz lege ich lose um die Hüften.

Doch steiler und steiler wird der Pfad und auch Wasserstücke sind nirgendwo mehr zu brechen. Die Jacke lasse ich zurück und den Rock reiße ich in Streifen. So gehe ich besser bergan.

Die Pausen werden länger und Umkehren scheint unmöglich. Hinter mir verliert sich der Pfad und ich kann nicht mehr erkennen, woher ich gekommen bin.

Das Fangnetz hänge ich schließlich über einen Ast. Später streife ich auch den Rock ab und freier steige ich bergwärts.

Ein starkes Rauschen in den Wipfeln der Bäume, ein merkwürdiges Zwielicht. Da tritt er aus dem Schatten.

Jetzt wo nichts mir geblieben ist und am meisten mir die Tarnkappe fehlt und ich das Netz so sehr misse, tritt er in meinen Pfad. Sehr langsam nähert er sich und ich erkenne sein Gesicht aus einem zurückliegenden Leben.

Da ich die Hand nach ihm ausstrecke, sich unsere Fingerspitzen leicht berühren, ist der Gesang der Vögel wieder zu hören.

Als er sich von mir abwendet und langsam den Pfad in Richtung der großen Höhle verlässt, zögere ich nicht.

Mit geschlossenen Augen folge ich ihm.

gezeiten

sind deine meerblauen
augen voller salz weine
nicht es kommt
bald die flut

Ausgleich

Feuchte Hundeschnauze
Deine Augen deine Begrüßung
Deine Pfote auf meinem Arm
Dein Schweigen zu meinen
Fragen dein Bellen gegen
Meine Verzweiflung dein
Tröstendes Fell dein dicker
Haufen auf seiner Fußmatte

Qualen

Deine Augen quälen
mich mehr als du
an Liebe zurücknehmen
kannst so viel
verlangt dein Blick
Ich reiße mir die
Lunge aus dem Leib
Das Herz zerflattert im
Verlangen der Pupillen
Die Beine knicken ein
Die Arme brechen im dich
halten wollen wir fließen
ineinander und bergwärts
rauschen die Tränen
unserer Einsamkeit

mensch

wenn das letzte orang-utan weibchen
kahl rasiert und im bordell missbraucht
dich mit toten augen ansieht

dann suche den letzten baum im regenwald
borneos und erhänge deine kinder

nichts bleibe von deinem samen mensch

wieder mal

wieder mal dort wo
alles vertraut ist schaue
ich anderen zu wie
sie ihre erinnerung packen und
in neue häuser schlüpfen sich
aneinander kuscheln in
dieser kalten zeit habe
keinen halt im rutschen
reiße ziegel aus neu gedeckten
dächern trete türen
ein für ein bisschen
wärme aus einem fremden
mund bitte um asyl in
windschiefen gedanken wer
braucht so eine in
diesen jahren ausverkauf
ganzer völker mein
preis viel zu hoch
man kann warten

sternenstaub

wir sind sternenstaub und manchmal leuchten wir
restwärme vergangener zeit
der gedanke später
einmal elefantenrüssel oder hühnerpopo
zu sein – tod wo ist dein stachel

Griechische Impressionen

Es ist die Zeit
zwischen Mittag und
Müdigkeit
wenn die jungen Maler
über sich hinauswachsen

Ein paar Schuhe
weiße Strümpfe
Vielleicht unaussprechliche
dünn kühlende Frauenwäsche
auf bunter Decke oder
geflochtener Matte

Einen Pinselstrich weiter
ein träge schlafendes Kind
Die Mutter vielleicht
sanft treibend in der blauen
Weite des Meeres

Oder weiches Haar am
Hals eines Mannes
sich reibend
Salz auf den Lippen
von seiner Haut

All das in der Zeit
zwischen Mittag
und Müdigkeit

An unsere Katze

Am Neujahrsmorgen verließ sie uns
so als ob sie sich verspätet hätte
schaute Bella uns erstaunt an

Gute Ratschläge hatten wir ihr
reichlich gegeben der Wind
wehte sie über alle Hügel
und in den Ebenen lauschten alte Hunde

Sie ging Träume fangen
Freiheit hüllte sie ein
Uns blieben verschwommene Bilder
Fangen konnten wir
Nur ihren Schatten

Das Goldene Kalb

Die Wilden wollten Blut sehen
als sie die Daumen nach unten drehten

Ihr stampfender Atem trieb
uns gegen Helme und Schilder

Wasserfontänen stärkten unsere Blüten
brachen sie auch an der Einsamkeit

Der Ruß vergeudeter Zeit
bröckelte von ihren Masken

Die Wilden wollten Blut sehen
und Knochen brechen hören

Über allem lachte
das Goldene Kalb
mit lechzender Zunge

Vervollkommnung

Und so beschloss der Rat der Stadt
Nach Abwägung der Gegebenheiten
Dass das Volk nun zur absoluten
Vervollkommnung gelangt sei und
Fortan unsterblich zu sein habe
Niemand könne schließlich
Wissen ob eine neue Generation nicht
Alte Unruhe neu pflanze

Frauenleiden

hundertmal verbrannt im alten rom
inquisitorisch legal verarscht

bei jungfrau maria schon
war gott der samenspritzer
sie sollte keine anderen
götter neben ihm haben

auch jeanne d'arc tötete keinen
mann sie trug die fahne
hoch bis zum schafott

hundertmal erwacht in männerbetten
therapeutisch erfahrene allemal

als patientin tablettenverseucht dem
phallus der urzeit ausgeliefert

gehirn nie gekannt
frauen brauchen nur ihr herz

wir werden auch den himmel
an euch verlieren

Resümee

Mit Gift nur kann man es ertragen
Sei's Alkohol sei's Kokain
Das was Politiker so wagen
Regieren über uns dahin

Auf diesen Pöbel stets sie scheißen
Was haben sie mit uns zu schaffen
Jahrtausende es klar beweisen
Die Hoffnung starb an ihrem Raffen

Wir schwiegen nicht doch unsre Macht
Die reichte nur bis an ihr Knie
Nach Hause gingen wir um Acht
Bis Mitternacht blieben wir nie

Wir haben unser Feld bestellt
Die Früchte wurden uns geraubt
In erster, zweiter, dritter Welt
Ein jeder nur für sich verdaut

Das Elend und Sprachlosigkeit
Die Herren haben viel gelacht
Wir wurden immer nur entzweit
Und haben wenig nachgedacht

Wir haben unser Kind gegeben
Den Generälen dieser Erde
Die Gräber gleichen sich und weben
Ein Band aus Schmerz und Wut und werde

Es wieder Nacht in vielen Ländern
Um Fassung ringt ein jeder heut
Wir stehen noch an diesen Rändern
Der Grube und es manchen freut

Noch fällt **er** nicht in sie hinein
Noch hält **ihr** ganz privates Glück
Noch ist so mancher sich zu fein
Noch ist's vielleicht ein Missgeschick

Noch hungern nur die anderen Nationen
Noch ist die Arbeit täglich mein
Noch scheint es sich für dich zu lohnen
Noch steckst du viele Hiebe ein

Noch werden Fremde abgeschoben
Noch gibt es keine Beugehaft
Noch kann man sich mal kräftig loben
Noch schafft man es aus eigner Kraft

Doch Morgen wendet sich das Blatt
Nur heute noch da bist du satt
Und heute noch sprich mit den Kindern
Damit sie es vielleicht erfassen

Die Mitgift wird es nicht verhindern
Dass sie uns Morgen dennoch hassen

Ruhelos
vor 4 Monaten bist du gegangen

Am Morgen der Schnee
verliert sich spurlos
Bin deine Wege schon
im Sommer gegangen
Habe dich im Grün verloren
Gletscherkälte klammert
sich an mein Herz
Felsige Abbrüche
hinterlassen blutende Wunden
So lege deinen schützenden
Schal mir aufs Haar
Siehst du meine Augen
sie sind Nachtgespenster
ruhelose Geister ohne Widerhall

Winter ohne dich

Sehe dich
Lichtgestalt
am Rande des Abgrunds
Glück im Blick
Stehendes Denkmal
zeitloser Dimension
Lass deine Augen
mich suchen
Lege deinen Atem
mir auf die Stirn
Wie soll ich leben
in dieser Glut

Rotkehlchen

Wieder sitzt es
auf meiner Fensterbank

Seine fragenden Augen
bringen die Botschaft mir

Ich habe ihn nicht
an den Tod verloren

Geliebter wo wartest
du auf mich

Trauerjahr

Morgen werde ich euch begrüßen
doch heute grüßt mich, wenn ihr mir begegnet

Morgen werden wir miteinander sprechen
doch heute erzählt mir, ob die Sonne scheint

Morgen werde ich meinen Garten jäten
doch heute bestellt ihn ohne viele Worte

Morgen werdet ihr bei mir zu Gast sein
doch heute kocht mir einen Teller Suppe

Morgen werde ich mich richtig kleiden
doch heute findet mir die passenden Strümpfe

Morgen werde ich wieder Mitleid spüren
doch heute habt Mitleid mit mir

Morgen werde ich den Frühling fühlen
doch heute teilt ihr meinen Winter

Totentanz
am Weg zu deinem Grab

An diesem Morgen
umsorgt mich Sehnsucht
Habe mir dein Parfum
auf die Haut gelegt
Dein Pullover behütet mich sanft
Dies ist deine Lieblingstasse
darauf liebkose ich blaue Blumen
Sitze auf deinem Stuhl im Regen
Feuchtigkeit streichelt mein Gesicht
In der Laterne nachts dein Lebenslicht
kann dir nur einen Totentanz schenken

Fremder

Teilst du mit mir
den Schmerz zwischen
blühenden Bäumen
Gebettet zwischen Blumen
Liegt unsere Liebe

Nimmst du meine Tränen
Perlen eines anderen Gefühls
an einem fernen Ort
legst sie auf dein Herz

Suchend streife mit mir
durch diese Trauer
Suchend halte mich fern
vom bodenlosen Abgrund
Suchend

Sturmvogel

Sturmvogel
bleibe noch
eine Weile hier
Teile mit mir
deinen Atem
Peitsche Leben
in mein Nichtsein
Hauche Kraft
mir in Mutlosigkeit
Dein Gefieder
wärme meine Nacktheit
Zeige mir die Wege
aus dem Tod Sturmvogel
Lebe mich

Strandräuber

Als dein Blick mich streifte
verfing ich mich
mit Haut und Haaren
oder mit Bauch und Hirn
Mag sein auch
nur in Gedanken versunken
doch zufällig nicht
Gefallen bin ich
schwach und schutzlos
dir in die Hände
Ausgeliefert Strandräuber
deiner Schatzsuche

Auf dem Weg zu dir

Der Tag mit Dir wächst in die Nacht
Die Nacht bei Dir wiegt mich in Sicherheit
Auf regennassen Straßen trocknen
die geweinten Tränen
Aus Häusern an den Hang gelehnt
das leise Lachen geborgener Kinder
Du herbergst mich in Deinen Armen
Bleib noch bei mir Schutzwall

Mimosenaugen

- eine Katzengeschichte -

In Erinnerung an Tesora, die Mutter von Bella und
Maruschka, den Kindsvater Calmo sowie Ciccio,
den dreifüßigen alten Kater, in der kleinen Borgata
Cornari unweit der Riviera di Ponente, mitten in
Ligurien.

In freundlicher Erinnerung an Wilhelmine die Kröte, die
nächtens einsam auf der Dorfstraße saß und der die
Katzen so etwas wie eine ausländische Familie waren,
gastfreundlich aber fremd.

Noch heute kann ich die Tränen nicht zurückhalten, wenn ich an den Anfang zurückdenke, an den Beginn einer großen Zuneigung und an das, was nicht aufzuhalten war.

Es war ein Tag im Mai, als wir wieder einmal den langen Weg zwischen Heimat und Heimat überwinden durften. Tausend Kilometer, aufgeteilt in Grenzübergänge, atemberaubende Landschaften, Seen, Berge, Pässe, eine Smog getränkte Großstadt und dann immer wieder der erst Blick auf das Meer - dieses Aufatmen, dieses geboren werden.

Am Ende dann die schmale Straße nach Cornari zwischen Olivenbaum Hainen, kurvenreich und voller Überraschungen. Grüne Echsen, in der Sonne sich wärmend; ein Rebhuhn Paar in steter Aufregung; die Trauergemeinschaft einschließlich Sarg; die voll beladenen LKWs, die uns grundsätzlich in der Kurve begegnen und kleine Herzstillstände bescheren; nicht zuletzt die jährliche Rallye San Remo mit behelmten jungen Männern, gefeierte Helden zwischen Bäumen und Kurven. Dann der hohe Turm der freistehenden Kirche und Sekunden später das kleine Haus, alt, mit geschundenen Steinmauern. Die Terrasse sehnsuchtsvoll dem Meer zugewandt. Eine schmale Dorfstraße; hohe, aneinander gereihte Bauernhäuser.

Auf Bildern freilich nur und auf dem Friedhof entdeckten wir diejenigen, die hier ihre Ruhe fanden.

Die Kinder aber hüten das Erbe der Väter und bestellen die Olivenhaine und die Weinberge. Sonntags dann dringt zu uns der Duft überlieferter Rezepturen.

Die Zeremonie teilt sich immer in das ewige Mann-Frau-Spiel: Spinnweben entfernen, Skorpione begrüssen und aussiedeln, putzen, Betten beziehen, im Winter Holz hacken, Kuschelwärme für die kalten Mauern oder Lüften an lauen Frühlingsabenden. Dann Spaghetti mit Pesto und ein Schluck von Antonios Vino di Ormeasco. Am ersten Abend, wenn sich die Dunkelheit auf die sanften Hügel legt und eine letzte Röte den Himmel streichelt, schauen wir sehnsuchtsvoll auf das stille Meer und die Lichter der Stadt, entbehren jedes Zivilisationsgeräusch und lauschen den Nachtvögeln. Die Lebensängste kräuseln sich sanft und glätten langsam die Wogen. In uns breitet sich ein großer offener Raum aus, der nun Tag für Tag sich füllen wird mit kleinen und größeren Geschenken der Natur und auch der Menschen in ihr.

An jenem Maimorgen sahen wir sie zum ersten Mal. Eine magere, grau getigerte Katze. Sie lag an der zerfallenen Steinmauer auf einer Wiese unter dem Apfelbaum und stillte zwei kleine Wesen.

Kugelrunde Bäuchlein und saugende Mäulchen. Das eine Kätzchen dunkelgrau, fast bräunlich schimmernd, das andere mit einem hellen Grau, weiß durchsetzt und mit Marmor gleicher Maserung. Die gestreiften kleinen Schwänzchen und die zarten Öhrchen leuchteten in der Morgensonne. Später brachte die Mutter die Jungen in den alten Schuppen des Nachbarn und saß matt auf der kleinen Straße. Sie hielt die Augen geschlossen und doch wich die Anspannung nicht aus ihrer Haltung. Die Katze war allein, es gab keine anderen hier in Cornari.

Freilich hatten wir im Jahr zuvor an der Kirche oft ein vielstimmiges Konzert vernommen, auch aggressives

Fauchen. Nachsehen wollten wir dennoch nicht, unsere Anwesenheit sollte die ihre nicht stören. Nun war eine dieser jungen Katzen hier eingezogen. In einer fast verlassenen Siedlung zog sie angstfrei ihre Jungen auf. Selbst noch ein Jungtier, unerfahren, mager, hungrig. Von Wochenenden getröstet, an denen die italienischen Frauen ihre wohlgenährten Männer mit Plastikschalen voller Pasta entsandten, um eine Katzenmutter zu umsorgen.

Wir aber blieben. Abends ein Licht in der Nacht – sonst nur Dunkelheit.

An einem matten Abend, die Sonne hatte sich bereits gesenkt, war sie da. Die Katze saß still am Ende der Terrasse und schaute uns an. „Tesora" flüsterte ich und dann wurden wir ganz still. Tesora war mager und ausgehungert. Wochenenden genügen nicht für einen säugenden Katzenmagen.

Wir schlugen helles Brot mit Sardinen vor und Reis mit Fleischklöpschen und Spaghetti mit Gemüse. Sie akzeptierte alles mit einem leichten Fauchen - ihrer Art, Zuneigung zu zeigen und große Not.

Von nun an lag sie abends - nach Versorgung ihrer Kinder - neben uns auf der Terrasse. Manchmal erzählten wir ihr eine Geschichte, meistens schwiegen wir. Tesoras Kopf sackte oft bis zum Boden. Sie war todmüde, zu jung, zu allein, überfordert.

Unser letzter Morgen vor der Heimreise brach an und noch nie war solcher Kummer in uns. Tesora erkannte die Veränderung in unserem Verhalten und zögernden Schrittes kam sie über die Wiese uns entgegen. Neben ihr die beiden Kinder. Sprachlos warteten wir. Sie setzte sich mit dem Rücken zu uns in die Morgensonne und die Kleinen spielten in unserer Nähe. Sie vertraute.

Als wir zu unserem Auto gingen, kam Tesora die kleine Straße entlang gelaufen, setzte sich und sah uns nach, bis wir langsam zwischen den Olivenbäumen uns entfernten.

Knapp zwei Monate später riefen wir sie beim Namen und warteten vergeblich auf ihre scheuen Schritte. Sie kam nicht uns zu begrüßen, sie verschmähte den Schinken und es blieb eine lastende Stille, eine freudlose erste Nacht. Cornari war nicht länger unser Paradies, wir hatten die Sehnsucht verlagert.

Ottavio brachte die Nachricht, einer musste es tun. Wenige Tage nach unserer Abreise wurde Tesora tot aufgefunden, ohne sichtbare Verletzungen. Sie war zu müde, zu kraftlos gewesen für die tägliche Verantwortung, zu hungrig, um die Kleinen zu versorgen. Ihr Herz trennte sich von diesem Leben. Wir aber sahen sie auf uns zugehen, die Jungen uns bringend, die Sorge um sie an uns weitergebend.

Der Schuppen, in den sich die beiden Kätzchen zurückgezogen hatten, war umlagert von Plastiktellern. Alle hatten die Kinder von Tesora adoptiert - wir auch, wir waren da, Tag für Tag. Und Tag für Tag wuchsen sie und streckten scheu ihre Köpfchen aus dem Unterschlupf.

Sie kamen wie ihre Mutter an einem freundlichen Abend über die staubige Straße und saßen dann - eng aneinander geschmiegt - am Ende der Terrasse.

Maruschka und Bella, zwei weibliche Kätzchen, zwei sehr kleine Waisen und zwei ziemlich hungrige Kinder.

Zwei grüne Näpfe statt der Plastikteller; ein Symbol, jedoch auch eine Geste des Erkennens, ein Gruß an ihre tote Mutter. Und sie waren nicht wählerisch. Wir stapelten Dosen an Katzenfutter ganz ohne Petersilie.

Wir kochten Reis und Nudeln, Fisch und Kaninchen.
Sie schmatzen und wuchsen, aber sie kamen und gingen,
sie blieben nie.

Unseren Urlaub im Herbst planten wir mit dem Reifen der Trauben. Einige Fläschchen Mirella würde es allemal geben. Maruschka und Bella waren selbstverständlich eingeplant in Form von Dosen und wilden Träumen, Gesprächen mit dem Tierarzt; denn Maruschka hustete ebenso schrecklich wie ihr Mutter, und angstvoller Erwartung.

Das Auto hatte seinen Standplatz unter den Olivenbäumen gefunden, die Taschen waren an Ort und Stelle, das Haus begrüßt, der Gecko besichtigt. Vorsichtig schauten vier Mimosenaugen um die Ecke. Zögernd, Schritt für Schritt kamen Bella und Maruschka näher. Groß waren sie geworden und schön. Zwei Näschen schoben sich in unsere Hände, zwei Körper drückten sich an uns. Sie hatten ihre Familie erkannt, sie hatten uns adoptiert.

Von nun an waren wir Vater- und Mutterersatz. Am Abend durchstreiften wir mit ihnen die nähere Umgebung. Hunden gleich hielten sie sich dicht bei uns, und aneinander sich reibend eroberten sie die Welt.

Morgens war jeder Schritt schwierig, insbesondere Maruschka kreierte den Mutterwiegeschritt an mir. Keinen Meter lief sie anders als zwischen meinen Beinen. Tesora würde wissen, dass dies völlig normal ist und ab und zu die Kleine zur Ordnung rufen. Ich jedoch trug flauschige Hosen und versuchte mich in Katzenmutterschmuseeinheiten.

Bella blieb reservierter, sie war die umsichtigere der beiden, und wenn Maruschka genug geschmust hatte, leckte sie ihr Ohren, Augen und Gesicht. Jedoch als Anfang Oktober wieder der Abschied Einzug hielt, kam sie klagend zu mir, sprang auf meinen Schoß und vergrub ihr Gesicht in meinem Pullover.

Wir wollten keinen Schmerz verursachen, aber auch die beiden Katzen nicht ihrer Heimat entwurzeln. Sie sollten dort leben, wo milde Tage ihr Fell wärmten und Nächte auch im Winter erträglich sind. Sie sollten selbst bestimmte erwachsene Tiere werden, alles andere wäre Tourismusfolklore.

Silvester, ein milder Winter voller Terrassentage und zunehmend wurden die Charakterzüge der beiden Jungkatzen manifest. Bella - der Name schon Verantwortung. So als hätten wir sie damit belastet, war sie die unabhängigere, die scheuere, die vorsichtigere, die umsichtigere und Maruschka tobte ihre Jugend aus. Sie hielt Bella das Gesichtchen hin und lehnte sich an, während sie geleckt wurde. Maruschka war die ideale Katze für Kamingeschichten. Träge saß sie dicht vor dem Ofen oder sprang auf unseren Schoß und schnurrte stundenlang voller Wohlbehagen. Manchmal kam für kurze Zeit Bella herein, vergewisserte sich der Liebe ihrer Schwester, strich kurz an unseren Hosenbeinen entlang und ging dann in die Nacht. Tesora schien sie zu rufen.

Anfang Januar sahen wir zuerst ein helles Gesicht, dann ein schwarz umschattetes Auge zur Tür herein schauen; es schien lediglich eine nächtliche Täuschung, ein Schattenspiel zu sein. Doch das Gesicht gehörte zu einem Körper mit buschigem Schwanz, weißem Fell mit braunen Einfärbungen und zwei völlig unterschiedlichen Augen. Das eine wie nach einer heftigen Auseinandersetzung umrandet von schwarzen Schatten, das andere blau und erstaunt schauend.

Calmo - der besonnene, ausgeglichene Kater - wollte eine Familie gründen. Und es war an der Zeit, den beiden Damen den Hof zu machen.

In der Siedlung sank die Laune - un macho - es sollte den kleinen Lieblingen Gewalt angetan werden. Freilich hatten auch wir an Sterilisation gedacht, dann jedoch als anmaßend abgetan. Die Welt nahm ihren Lauf und mit ihr lief das Leben auf seinen altehrwürdigen Bahnen. Es würde eine neue Generation geboren werden, heranwachsen und Cornari würde ihr Schutz und Heimat geben…und ein bisschen auch wir, die wir selbst Geborgenheit hier gefunden hatten.

Es kam alles ganz anders.

Man suchte die neu geborenen Kätzchen zu Ostern überall, ganz Cornari durchstreifte verlassene Schuppen und verfallene Häuser. Die Katzenkinder waren nicht geboren worden oder aber irgendwo verlassen gestorben. Bella und Maruschka waren zu jung, um Mütter zu werden.

Die Nachbarin, die uns telefonisch verständigte, beriet und erzählte, führte vor Augen und nahm uns in die Pflicht. Wir waren nun mal adoptiert worden, also gut.

Wieder ein Mai, gefolgt von einem überheißen Juni. Lang ersehnter Urlaub, diesmal eine Entscheidungsschlacht im Kopf und in zwei malträtierten Seelen.

Sie sind ohne Zögern zu uns gekommen und ein zweistimmiges Wehklagen setzte ein. Unser Kopf sank schuldbewusst nach unten und unsere zögernden Finger berührten kleine Ohren. Ja, wir hatten sie allein gelassen und sie sahen mager und Mitleid erregend aus. Die selbstbewussten jungen Damen waren in die Falle gegangen. Der macho hatte ihnen zugesetzt.

Und schon am nächsten Tag auf einem Spaziergang nach Lerici sahen wir ihn; von wegen eine Familie mit unseren Mädchen gründen. Er war schon Patriarch. Er hatte einen Harem und eine Menge gefleckter, hellbraun-weiß gefärbter Kätzchen und Kater - manche mit buschigem Schwanz - schauten uns an. Calmo aber rannte, was die Beine hergaben.

Wir schauten der Staubwolke erstaunt hinterher.

Der Tierarzt war uns sofort sympathisch. Der Hund auch. Seine Eigentümerin zog ihn mehr, als dass er zu gehen bereit gewesen wäre, in das Sprechzimmer. Das heißt, sie wollte ihn ziehen. Wäre da nicht das offene Fenster gewesen und davor das kleine Podest und dann die Treppe. Der Hund war lockig und jung, die Eigentümerin weder das eine noch das andere - und sie trug keine vier Pfoten sondern zwei Pantoletten.

Schneller als gedacht, Aufschub los, galt es nun, unseren Plan mitzuteilen. Der Tierarzt brauchte eine Weile, um den Inhalt der Mitteilung zu verstehen: *„Castrazione? Due gatte? Una borgata senza gente? Perchè?"* (Sterilisation? Zwei Katzen? Ein Dörfchen ohne Menschen? Warum?). Und alle durchdachten Tage, alle schlimmen Bauchschmerzen, alle angstbesetzten Gedanken fielen von uns ab: *„No, abbiamo sbagliato le parole. Non una castrazione, solo una visita medica."* (Nein, wir haben die Wörter verwechselt, keine Sterilisation, nur eine ärztliche Untersuchung). Der Tierarzt entstammte einer Familie, die sich direkt auf Nathan den Weisen zurückführen ließ. Mit zwei Drahtkörben und stiller Freude machten wir uns auf den Heimweg.

Am Tag X war *solo una visita medica* nicht angenehmer als *una castrazione.* Zwei in die Jahre gekommene Drahtkörbe, ein Termin und natürlich der gute Speck für die mageren Mäuse. Der Speck empfahl sich als gekochter Schinken, hauchdünn und duftend, das Richtige für jedes Festmahl. Die Mäuse sind namentlich bekannt und die Falle schnappte problemlos zu. Das aber war der Beginn einer sinnlosen Fragestellung. Warum wir, warum gerade dieser Ort und diese Katzen, warum sind wir solche Idioten?

Natürlich war der Wartesaal überfüllt, das offene Fenster ist bereits beschrieben und Bello ebenso aufgeregt wie Bella. Und also beschloss die Tiermeute, ihre Peiniger so richtig zu nerven und unsere Nerven waren hauchdünne Konstruktionen. Es setze ein multitierisches Gezeter ein und in jede kurze Pause, die Bella und Maruschka ließen, schob Bello den Refrain und Diana die neue Strophe. Der Tierarzt war immer noch sehr sympathisch aber schweißnass.

Ein oder zwei Katzenleben in Anbetracht des Elends der Welt – macht' euch nicht lächerlich. Und doch waren diese beiden Katzenleben für uns zwei unverzichtbare Leben. Bauchfellentzündung - das klingt wie eine kurze Unterbrechung verschmusten Zuzweitseins. Aber eben doch führt sie wahrscheinlich zum Tod. Eine Impfung sollte Linderung bringen. Aufschub der Vollstreckung. Und trotz alledem musste auch eine Entwurmung stattfinden, Hoffnung, Beistand, Zaubersprüche, Wundermittel.

Sardinchen, fangfrisch, heraus gebacken in jungfräulichem Olivenöl und als Clou eine Tablette Entwurmungsmittel. Nichts war leichter als das. Maruschka knabberte genüsslich auf ihrer Tablettenhälfte, Bella forderte lautstark Zuschlag. Nein, erst zunehmen, dann gibt es für jede eine ganze Tablette. Versprochen!
Zunehmen aber war nahezu ausgeschlossen, dem langen, heißen Sommer folgte unweigerlich der ligurische Winter mit warmen Tagen, aber kalten Nächten. Wochen ohne Menschen, ohne einen warmen Unterschlupf, ohne ausreichende Nahrung und ohne die sonntäglichen wohlgenährten Männer mit ihren gut gefüllten Plastiktellern.

Wir sahen und mussten entscheiden. Maruschka und Bella in Deutschland zu sehen, versorgt aber fremd, sehnsuchtsvoll und leidend, ohnehin dem Tod sich nähernd. Wir gingen und wussten, wir küssten die schmalen Gesichter und baten um Verzeihung.

Ihr kurzes Miauen, einem Ja ähnelnd, dann wendeten sie sich ab. Sie liefen aneinander geschmiegt über die schmale Dorfstraße. Bella schnupperte an einem Blütenzweig, Maruschka langte mit der Pfote nach einer Wespe.

Sie drehten sich nicht um.

Die Farben der Angst

- Fragmente eines einteilenden Lebens -

Prolog

*Die Patientin erwachte noch einmal. Ja, jetzt erinnere
ich mich.*

*Ich fragte sie, ob sie Angehörige habe, denn sie war am
Ende ihres Lebens angelangt.*

*Ich fragte sie auch, warum sie in diesem gottverdamm-
ten Bus gesessen und wohin sie gewollt habe. Sie sah
mich und sie sah mich nicht. Sie sagte so etwas wie
„Jan". Vielleicht Ihr Freund, Ehemann oder Sohn? Wir
konnten jedoch keine Familienangehörigen ausfindig
machen.*

*Dann fiel die Patientin ins Koma. Ich bin sicher, dass
sie jemanden suchte. Sie schien auf jedes Geräusch zu
achten und wurde augenblicklich unruhig, wenn ich als
behandelnder Arzt oder eine der Krankenschwestern
den Raum betrat. Wir ließen sie in ihrem Schwebezu-
stand weitgehend in Ruhe, versuchten lediglich, ihr die
letzten Stunden etwas zu erleichtern So lag die Patientin
mehrere Tage, bevor sie loslassen konnte und sich ihre
Seele entschied, den schwer verletzten Körper zu verlas-
sen. Auch nach ihrem Tod meldete sich niemand, der
sie gekannt haben könnte.*

Du bist wie ein Zuckerwürfel, sagte er.
An sich fest und formbeständig.
Doch ein wenig Feuchte und du zerläufst, verlierst an Format.
Ja und übrig bleibt eine klebrige Masse.
Gerade gut genug um Ameisen zu ködern.

Wird jemand ausdauernd geschlagen - mit Worten oder durch Missachtung - so ist irgendwann an einem licht-durchfluteten Nachmittag oder nebligen Morgen der Körper so abgemagert wie der Geist, und die Käfigstäbe können durchschritten werden. Als habe es sie nie gege-ben.

Dann, in diesem Augenblick des Geborenwerdens und des Sterbens, wenn mit einem Mal Finger als solche er-kannt und Füße zu ihrem Zweck genutzt werden, entfal-tet sich im Innern eine grelle zärtliche Farbe, so etwa zwischen hellgrün und tieflila, sie durchfließt die Adern und erreicht das Herz.

In dieser Sekunde wird die Angst geboren.

Nun könnte man mir entgegenhalten, es hätte dazu nicht kommen müssen. Zu der durchschlafenen Zeit. Zu dieser geistigen Abmagerung. Doch, es musste.

Aber wie fing es an und wann endete diese Auszeit? En-dete sie? Ich muss versuchen, es zu erklären.

Es wird Herbst. Die Zugvögel kommen. Ich bin im Süden. Die Jahreszeiten wechseln, indem ich mich auf der Landkarte hin und her bewege. So durchschaubar ist diese kleine Welt. Ich betrachte die Falten in den Augenwinkeln. Der Sand knirscht unter meinen Füßen. Bald wird Mutter von den verschneiten Winterabenden berichten. Sie wird Fuß für Fuß in den festen, jungfräulichen Schnee setzen. Auch er wird knirschen.

Das verblasste Schild „zu verkaufen" steht noch immer vor dem Haus. Bisher gab es nur einen Interessenten. Fettleibig schob er sich von Zimmer zu Zimmer. Seine Aufmerksamkeit galt eher meiner Distanziertheit als den Räumen. Unsanft schob ich ihn Richtung Strand und schloss geräuschvoll die Verandatür.

Jacques begrüßte mich schon von weitem. Wieder so ein ekelig wolkenloser Tag. Mittags würde er träge in seiner Hängematte dösen und seiner Frau den Arsch tätscheln. Kichernd würde diese in die Küche enteilen und die gefüllten Fladen wenden. Der Doktor würde der greisen Signora Visconti die Aufbauspritze verpassen und deren Falten würden unverändert erstarrt bleiben Jahr für Jahr. Isabel und Maria würden den Schulbus wie immer gegen 15 Uhr verlassen und zögerlich nach Hause trotten. Die Jungs und nicht die Mathematik ihr Prüfungsthema.

Wie ich diese Zeremonien hasse. Wie zähflüssiger Brei fließt Stunde um Stunde. Das Pendel der Standuhr in der Bar bewegt sich im Zeitlupentempo. Wie schrecklich für die Liebenden. Dieses Pendel zerstört jede Hoffnung. Alles bleibt unerreichbar. Fern der Liebe die Einsamkeit, dieses Frieren von Außen nach Innen, dieses Sitzen in verschlossenen Räumen, diese Schmerzen der Stille in den Ohren. Dieses Warten auf ein Zeichen: Blitz, Sturm, Brand, Schreien, Flüstern. Egal. Nur die Zugewandtheit irgendeiner Wahrnehmung. Ach Jacques, wir sind heraus gefallen aus den Bezügen: Religion, Politik, Beziehungen, nichts greift mehr. Wir sind die Generation der Perspektivlosen, der Satten, der Zynischen.

Komm, geh mit mir ein Stück den Strand entlang, der Arsch deiner Frau läuft dir nicht weg. Und wenn, dann gib eine Verlustmeldung auf. Ein wenig Leben in dieser Öde. Polizeisirenen, Hundestaffel, Soldaten. Und sie? Sie steht in der Küche und wendet die Fladen. Dummkopf, ihr seid aneinander gekettet auf Lebenszeit. Was du dir auch ausmalst, es wird nicht stattfinden. Sie bleibt. Auch wenn sich herausstellt, dass die Erde doch eine Scheibe aufgeschnittener Käse ist. Du bist Gefangener deiner Sicherheit. Wie ich dich beneide, wie ich dich bedaure.

Immer draußen bleiben. Den Rand umkreisen. Treibholz sammeln. Strandgut sein. Die wirklich Interessanten vermutete ich dort. Aber es waren nur die Verlassenen, die Egoisten, die Skrupellosen, die Berechnenden. Sie machten sich etwas vor und ließen sich etwas vormachen. Sie suchten nur eines: den Weg in die Mitte. Und sie fanden ihn stets. Aber ohne mich. Ich blieb in diesem Kreisel. Gepeitscht, mich um mich selbst drehend, austrudelnd, stürzend.
Ja Jacques, der Wind ist rauer geworden. Es wird Regen geben. Lass uns zurückgehen.

Aus der Dorfkneipe schauen sie uns entgegen. Diesem ungleichen Paar. Du mit deinen schwarzen Haaren und den abgearbeiteten Händen. Ich mit dem nordischen Gesicht und der unpassenden Kleidung. Sie schreibt.

Sagen die Männer herablassend. Sie ist nicht von hier. Meinen sie damit. Es ärgert mich schon lange nicht mehr, dass sie mich nicht akzeptieren. Sie behandeln mich wie eine streunende Katze. Geduldet, nicht geliebt. Zu sehr bin ich die Europäerin, die Inquisitorin. Sie können nicht akzeptieren, dass eine von denen selbst dem Scheiterhaufen nur knapp entkommen ist. Oder gerade das macht mich in ihren Augen schuldig. Die Dekadenz, die auf Abwege führt. Wie einfach, wenn man aus Sattheit hungern will. Das ist wie Neckermann-Urlaub in der Nachsaison.

Afrika im Winter. Das ist das Schlimmste. Baströckchen vor Augen kannst du die Wollmäntel mit ihren spitzen Kapuzen nicht verstehen. Der Sturm bläst die Reste der erworbenen Kultur in Fetzen über die pfützenschweren Straßen und in Olivenbäumen hängen Plastiktüten. „Gut ist uns nicht gut genug" lautet der Wahlspruch der Touristen. Sie haben den Mund voll und sabbern schon von den nächsten Köstlichkeiten des Buffets. Das Zimmermädchen lächelt wenn du ihr die Dinare in die Hand drückst und sogleich fällt dir der kohlpechrabenschwarze Mohr ein, der nickte, wenn deine Groschen in der Spendendose verschwanden. Endlich eine kleine Annäherung von Okkupationsgeist und Wirklichkeit. Ich bringe dir das Geld zurück, das ich dir vorher abgenommen habe. Du machst mir dafür das Bett und vielleicht zeige ich dir dann die Emanzipation europäischer Machart. Lass deinen Schwanz ruhig oben, hier geniert das niemanden. Wen interessiert ein Zimmermädchen? Jetzt eine Sandburg bauen und den Stürmen trotzen. Seefahrernation oder Kriegstreiber. Wie dicht liegt das bei uns stets zusammen. Ein paar Tränen fallen in deine Haare. Wie geübt ich doch bin im Leiden. Sie sitzen da in ihren verfallenen Hütten und Bretterbuden und tun mir so unendlich leid. „Pfui unserer miesen Ausbeutermentalität!" schimpfe ich noch im Duty-Free-Shop. Dann hebt das Flugzeug ab.

Es ist früher Nachmittag und die Kinder haben sich zusammengefunden, um ihre wilden Spiele zu spielen. Ich schaue ihnen eine Weile im Schutz der Gardinen zu. Ich, die ich nie Gardinen wollte, habe nun meine Fenster zugehängt, abgedichtet gegen die Außenwelt. Besonders in den Nächten schützen mich die Gardinen nun gegen die einbrechenden Ängste. Manchmal, in eine Ecke gekauert, hoffe ich so zu entkommen. Dann höre ich sie um das Haus tosen im Rhythmus meines Herzschlags. Sie rütteln an den Türen und ich beginne zu schwitzen, wenn ich einmal versäumt habe, das Fenster zu schließen. Wie eine gallertartige Masse quillt dann die Angst herein, greift Raum, breitet sich aus, greift nach mir.

Unter den Kindern befindet sich auch ein etwa achtjähriges Mädchen. Sie ist zurückhaltender als die anderen, ängstlicher, scheuer, behutsamer. Sie wird dafür büßen müssen, heute und in aller Zukunft. Schon hänseln sie die Jungs, beifällig ermutigt von den anderen Mädchen. Sie weiden sich an ihrem Glück, nicht selbst in den Mittelpunkt geraten zu sein. Schon schluckt die Kleine schwer und ihre Augen verdunkeln sich. Da öffne ich die Haustür und gehe auf die Gruppe zu. Sie stiebt auseinander. Das Mädchen hebt sein Strohpferd auf und läuft ihnen hinterher.

Auf der linken Seite konnte ich nie einschlafen. Vor meinen Augen grinsten höhnisch hässliche Männerfratzen und streckten die Hände gegen mich. Manchmal half mir dann mein Bär, manchmal ließ er mich einfach im Stich. Wer weiß, welche Puppe er da gerade vögelte.

Ich lag dann schweißnass in den Kissen und sehnte den Tag herbei. Egal, auch wenn es der Tag mit dem Handarbeitsunterricht war. Hauptsache frei von dunklen Gesichtern. Und doch blieb eine Sehnsucht in mir nach wirklichem Erleben, nach dem, was sich hinter den Fratzen verbarg, nach dem Fremden.

Sie kam eines Tages, diese Frau mit den strähnigen Haaren, dem seltsamen Geruch und dem Bündel auf dem Rücken. Großmutter steckte sie erst mal in die Badewanne und in der Nacht ging es noch lange laut zu. Die Frau hatte ein dunkles, raues Lachen. Und es war so etwas wie Zuhause sein für mich darin. Nein, vor dem Kind konnte sie nicht nackt herumlaufen. Das schickte sich nicht. Am Morgen vermisste ich ihren Geruch, sie roch jetzt fast wie wir selbst. Kernseife überall. Doch dann durfte ich sie bis zur Autobahn begleiten. Schnell hielt einer an und meine Kinderaugen sahen seine anzüglichen Blicke und hörten seine grinsenden Fragen. Da lief ich schnell in meine warme Höhle zurück, verkroch mich in den Kissen und lag links, links, links.

Der Sturm hat seit Tagen nicht nachgelassen. Er dringt durch alle Fugen und ich schleppe das feucht gewordene Holz unter die Abdeckung. Das Kaminfeuer brennt hell und wärmt nur wenig. Ich setze mich näher an die Flammen und fühle eine ganz andere Wärme in mir aufsteigen. Irgendeine pornografische Geschichte aus einem meiner Bücher lesend, lege ich Hand an mich. Da purzeln die Aktivisten der ersten Erektion kopflos aus ihren Randbegrenzungen und Trennungsstrichen. Sie stolpern in Hosen und Röcke, stoßen in atemlose Räume vor und kassieren bieder Beifall. Ich bin schon längst zurückgesprungen an den allerersten Beginn einer gnadenlosen Langeweile. Eines schlaffen Sacks vor meinem Mund, einer zögernden Zunge an meiner Ahnungslosigkeit. Dann die klebrige Nässe auf meinem Bauch. Das Wunder der Liebe. Und noch die letzte Portion meiner Erdbeer-Vanille-Schaumcreme schlürfte er mir weg. Sprachlos starrte ich ihn an und ab und zu hörte ich, wie er mit mir sprach. Aber meine Antworten mogelten sich davon aus dem Zimmer, aus der Stadt, aus der Welt. So begann ich ihre Körper zu konsumieren, indem ich Filter wurde zwischen meiner Sehnsucht und meinem Hass.

Mit mir leben freilich, das wollten sie nicht. Schnell auf dem Küchentisch hinein damit, manchmal noch in der Jacke, die Hose halb geöffnet. Wie geil das doch anmutete.

Und dann husch, husch ins Körbchen, an den gedeckten Abendbrottisch, zu den verzogenen Kleinen, zum umsorgenden Weibchen. Ei der Papa, wie lieb er doch ist.

Nein, ich habe dieses Spiel nie durchschaut, nie mit dem Herzen erkannt. Der Kopf galoppierte, erklärte, warnte, lachte aus. Aber mein Ich, das nie im Kopf saß, zweifelte, weinte, bangte und siegte.

An jenem Neujahrsmorgen am Ende einer einsamen Silvesternacht strich ich durch die ermatteten Straßen vorbei an Konfettipfützen und Sektkorken. Und wusste mit dem ganzen Ich da drinnen, dass die Chancen mich nie erreichen würden. Und da nutzte ich sie und setzte den Schnitt und ließ dem Blut seine Bahn über die

Hose, in die Schuhe, in kleinen Rinnsalen sich teilend auf Kopfsteinpflaster. Mein Hirn erhielt Amnestie und verweigerte jedes Denken. Die Stäbe am Fenster, das Licht über mir, die verschlossene Tür. Gescheitert, rote

Karte. Aus. Nein, das hatten sie nicht gewollt. Aber jetzt vorbeikommen. Weißt du, wir haben einen Termin bei der Kinderärztin, die Schwiegereltern haben Hochzeitstag. Ach, was ich ganz vergessen habe, meine Frau muss heute länger arbeiten. Du weißt schon, der Kleine hält es allein nicht aus. Mensch, nun nimm dich doch zusammen, wie konntest du mir das antun, du denkst nur an dich.

Da habe ich mir das Kissen in den Rücken geschoben und in dem Buch auf dem Nachttisch gelesen. Zeile für Zeile. Ein Jegliches hat seine Zeit. Steine sammeln und zerstreuen, Leben und Sterben und Lieben und Streit. Die Falten unter den Augen, der schlaffer werdende Bauch. Zerstreuen, sterben, streiten. Welche Zeit würde die meine sein. Welche Worte verstand ich noch. Wieso verwirrten sich die Begriffe.

Ich fiel von Sekunde zu Sekunde. Zeitsprünge. Eindrücke im Standbild. Bewegungen froren ein. Das war praktisch. Es wirbelte mich durch die Station. Hier ein Essenstablett aus der Hand gerissen, dort eine Kanüle aus dem Arm gezogen. Der Schwester die Haube geraubt, dem Arzt an die Hose gefasst. Und hinauf auf das Fenster. Gegen die Decke mich streckend. Luft. Luft. Sie hielten mich eine Weile auf dem Boden fest, dann die Spritze. Staunend versank ich in schwarzem Nichts.

Ich weiß nicht wie es gekommen ist, dass ich apathisch auf diesem Bett saß in einem Nachthemd, das nun plötzlich einige Blutspritzer hatte und den Arzt lakonisch feststellen ließ, dass ich natürlich menstruiere. Dass natürlich eine Frau kurz vor der Menstruation ein bisschen durchdrehen könne.

Als die Furcht erregenden Gestalten in meinem Hirn die Oberhand gewinnen wollten und im Gleichschritt durch den Kopf dröhnten, hielt mich eine faltenreiche Hand aufrecht und eine alte Stimme redete auf mich ein: "Wenn du jetzt liegen bleibst, wirst du es für einige Jahrzehnte tun!" Wie hallte die Stimme des Arztes noch in meinen Ohren:" Das wird ihnen eine Lehre sein. Sie bleiben einige Zeit in unserer Obhut!" Freilich erinnerte ich mich kaum an die vergangenen Tage, die wohltuende Aufregung um mich her. Später kaum hörbar die Frage an mich, ob ich e s wieder tun würde. Ich hatte nicht die geringste Ahnung was. Ja war so viel leichter zu formulieren als nein und ein Kopfschütteln unmöglich. Mein Körper war auf einen anderen Zeitrhythmus eingestellt. Jede Bewegung dauerte Stunden. So bin ich wohl an diesen Ort gekommen, an dem Stäbe vor den Fenstern angebracht, die Stimmen der Vögel jedoch zu hören waren. Das war das Schlimmste. Schon begann ich, das Brot schnell an mich zu bringen, wenn es in großen Körben auf die Tische gestellt wurde. Das ausbrechende Geschrei erreichte mich erst zu Mittag, wenn die Suppe den Hals verbrannte. Ausgekühlt ist sie erst am Abend. So konnte ich entkommen.

Immer gab ich mich ganz hinein. In allen wichtigen Beziehungen verlor ich an Format. Wie eine Fliege im Spinnennetz hing ich erstarrt und ließ mich aussaugen.

Die Befreiungsversuche jedoch wurden brachialer. So zerriss das Netz und die Spinne zog sich beleidigt zurück. Nicht sie sondern die Fliege hatte die Ordnung gestört.

Der Sturm weht längst Vergangenes heran, mein Kopf ist ein Hohlraum, der das alles wieder und wieder hin - und her wälzt, abstößt und anzieht.

Ich sitze als junge Frau irgendwo in einem Zimmer. Natürlich erinnere ich mich genau, wer damals männliches Pendant war, doch diese Gedanken werde ich keinesfalls weiterverfolgen, sie enden stets in dem Wunsch nach Zerstückeln, nach Einwecken und Verfüttern an räudige Hunde.

Der Sonnenstrahl steckt zwischen Fenster und Wand fest. An ihm reiben sich kleine geflügelte Tierchen, steigen auf und lassen sich fallen. Ich kann mich nicht bewegen. Die Füße unter mir sind zwei. Zähle ich. Das entspricht dem Durchschnitt. Aber sie wissen nichts mehr von ihrer Aufgabe. Der kleine Hund liegt in meinem Schoß. Gerade hatte er versucht, den Sonnenstrahl zu fangen. Jetzt ist er enttäuscht und erschöpft und hat gepinkelt. An den Fuß des Lichts. Ich sehe die Pfütze sich ausbreiten und denke an nichts. Aus der Küche der Geruch von Kot, weichen Fäkalien. Darüber der Berg Geschirr. Es ist unmöglich. Das Gehen, das Abwaschen, das Leben. Der Hund schläft jetzt. Er träumt. Seine Pfoten laufen Phantasiestraßen entlang. Ich träume auch. Man wirft mich in Abgründe. Mein Körper schlägt wieder und wieder auf. Mein Gehirn ergießt sich über lehmverkrusteten Steinplatten. Aus der Flüssigkeit erwachsen kleine Scheusale und kriechen in meinen Schädel zurück. „Verdammt noch mal, du hättest wenigstens einkaufen gehen können!" Dieses Wesen da, mein mitwohnender Mensch männlichen Geschlechts, was will er das ich tun soll? Wozu soll ich Brot und Seife kaufen. Was um alles in der Welt ist damit zu tun? Ach ja, Enten werden gefüttert und unter den Armen und auch anderswo riecht es so im Sommer. Dann bringt man die Seife dorthin und die Welt ist in Ordnung. Her mit der Seife!

Doch, sie hat mich auch an manchen Sonntagnachmittagen befallen, diese Lebensunlust. An verschwimmenden Sommertagen bei wolkenfreiem Himmel oder an Herbsttagen, wenn nichts das Laub mehr auf den Bäumen hält. Auf der Straße dann unterwegs sein und das Steuer loslassen. Nur wenige Sekunden und aufgenommen werden wollen in eine alles in sich vereinigende Unendlichkeit. Wo alle Stunden des Lebens aller Generationen fein aufgereiht wie auf einer Wäscheleine frei im Wind treiben, sich vermischen und einen gemeinsamen Sinn ergeben. Und wir sehen ihn in deutlicher Schrift quer über die Milchstraße geschrieben und lachen, weil wir so sehr danach gesucht haben und ihn nicht haben erkennen können in unserer Vereinzelung. Ja, diese Sehnsucht befällt mich, wenn Urlauber auf überfüllte Parkplätze wie in Oasen einfallen und entkräftet einen Schluck Eistee nehmen. Dann schaue ich neben mich und sehe erstaunt auf, wenn der Sitz nicht leer ist. Und dann wechsle ich schnell ein paar beschauliche Worte, weil das Glück und die Angst auf der Waage sich miteinander vereinigen wollen. Und ruhig liegt die Hand auf dem Lenkrad und das Wasser auf dem Rastplatz schmeckt fad. Sonntagabend ist der Zeitpunkt der Fressorgien. Klarer denn je wird Alleinsein zur Zukunftsversion, verbraucht sich das Leben in Sonntagabenden. Um 22 Uhr, manchmal zehn Minuten früher, starten die LKW. Nein, sie starten nicht, sie lassen den Motor an.

Muss er warm werden? Noch ein kurzes Gespräch mit den Kollegen, mit der Frau? Ich weiß es nicht, habe es nie hinterfragt. Zu diesem Zeitpunkt bereits unfähig, noch irgendwelche Fragen zu stellen. Der Kühlschrank ist leer, die Aggression geht den Weg durch die Kloschüssel. Ich resigniere. Sonntag für Sonntag zwischen 22 Uhr und 22:10 Uhr. Der Montag aber erscheint zu dieser Zeit in einem matt schimmernden Licht. Ich werde wie immer jede Nahrung verweigern. Ich werde aufblühen mit jedem Tropfen Flüssigkeit, den ich verliere. Ich werde Knöpfe wieder schließen können. Der Darm wird sich frei fühlen. Ich werde schön sein und geliebt werden. Jeden Tag für 2 Stunden oder spät abends, heimlich, eigentlich als Biertischersatz, mein Bestes geben. Danach mich fragen, wo mein Anteil am Sahnekuchen ist und den faden Geschmack nach geronnenem Samen hinunter spülen.

Als ich das erste Mal starb, brach diese ganze giftgrüne, aber in ihrem Schreien doch in sich ruhende Welt zusammen. Dieses Stück Sicherheit, noch so viel Zeit zu haben, war zerborsten und vor Angst bebend klammerte ich mich an meinen Körper. Seither starb ich unzählige Male und immer wurde der Abschied so verzweifelt. Nie konnte ich loslassen und sagen: „ Es ist gut so!" Immer war noch dies oder jenes zu tun. Eine Muschel, sorgfältig verpackt aus dem Urlaub nach Hause entführt. Jetzt fremd und fehl am Platz vor mir liegend. Wenigstens sie noch zurück bringen, mich entschuldigen, Abbitte tun. Das musste doch noch möglich sein. Durch die Straßen laufend, von Ferne nur Stimmen, Autos, schlendernde Hektik wahrnehmend und immer, immer nach innen hören. Das Herz schlägt falsch. Die Luft strömt nicht in mich. Ich kann nicht atmen. Das Heben und Senken der Brust. In Wirklichkeit jedoch schon zwei Minuten ohne Luft. Schon tot. Und manchmal der Wunsch, es möge so weit sein. Das Erwachen im Krankenhaus. Herzinfarkt. Aber wieder atmen können. An Maschinen angeschlossen, die mir diese schwere Arbeit abnehmen. Die mir die noch zustehende Zeit einfangen und in mich zurück schieben. Nein, dagegen wehre ich mich nicht. Es gilt doch noch, den Sinn zu finden.

Das Geborenwerden macht uns zu Krüppeln - nicht das Sterben. Dieser Wortbruch schon zu Beginn. Und wie riesig ist das Versprechen. Das zufriedene Plantschen, das Strömen von Wärme aus dem anderen Körper zu mir. Man lässt dich in Ruhe sein. Und dann presst es dich heraus. Quält dich. Zerrt an dir. Zerreißt dir den Kopf. Stürzt dich in Kälte. Schlägt dich. Gleißendes Licht. Und du schreist, schreist. Und sie lachen.

Der Tag an dem du plötzlich da warst, blieb regnerisch und trüb. Wahrheiten haben ihre eigene Regie. Als ich deine Hand auf meiner Schulter spürte, schrie es in mir. Kaum dass du gegangen warst, stellte ich die Flasche auf den Tisch und goss das erste Glas ein. Eigentlich ist es eine Ironie des noch zu Bestimmenden, dass mein Körper den Alkohol schlichtweg verweigert. Oben eingeführt, oben ausgespien. Und doch gebe ich mir ein um das andere Mal Mühe, ihn zu verinnerlichen. Das Brennen am Gaumen, in der Speiseröhre, im Magen. Dann unweigerlich der Brechreiz ehe noch die Erleichterung eingetreten wäre, die ich bei dieser Prozedur angestrebt. Danach ein klarer Kopf, ein Schauen auf die Welt, ein Erkennen, ein Verlöschen jeder Erkenntnis. Und das neue Glas. Wie oft zelebriert, wie oft gescheitert. Auch hier. Der gesunde Körper. Wie sehr ich ihn anbete. Wie sehr ich daran glaube, dass einmal in einer fernen Zu kunft Phoenix gleich, Asche los, meine Muskeln sich spannen, meine Sehnen hervortreten mögen. Und alle Kraftreserven diesen einen Schrei hervorstoßen: „Ich werde sein!"

Wieder den Einstieg nicht geschafft. Die Erklärung des nicht zu Erklärenden wie Kautschuk gedehnt. Gegen jede Vergänglichkeit mich überspannt. Wo anfangen, wo enden. Aber enden. Wieso. An den Schlagertext sich erinnern „Beim ersten Mal da tut es noch weh". Und wissen - falsch. Und alle Lügen durchschauen. Und alle Nächte durch lachen. Wie soll das zu ertragen sein ohne Alkohol. Die Maserung des Tisches durchschauen wie die Erektion eines Katers im Herbst. Wer würde da nicht verrückt?

Gegen alle verbliebene Vernunft kamst du wieder. Ich begann zu ahnen, dass sich deine Geschichte mit der meinen nie würde vereinigen können. Aber wir wollten es beide nicht erkennen. Gierig waren unsere Umarmungen. Schreie nach Geborgenheit. Schutzwall gegen erlittene Verletzungen. Und dabei mussten wir uns so wehtun, wie das nie zuvor jemand uns hatte antun können.

Lass uns hier fortgehen. Dieser von dir in unzufriedener Stimmung hingeworfene Satz begann zu gären. Blasen zu werfen. Ein Entschluss reifte. Koffer wurden gepackt, Wohnungen gekündigt, Arbeitsplätze aufgegeben, ein paar Freunde umarmt, Blumentöpfe verschenkt, Autos verkauft. Im Flugzeug waren deine Augen eine helle Versuchung.

Wir kamen an und nahmen Besitz von unserem Haus am Meer. Dem Geruch nach Brandung und gemähtem

Gras. Wir nahmen einander gefangen und verfingen uns in jeder ausgelegten Wortangel. Doch wir liebten uns zu sehr, um die Reißleine zu ziehen, das Gefälle zu mildern.

Manchmal, wenn du von einem langen Spaziergang stumm zurückkehrtest, waren deine Augen voller Bitternis und auf meine Fragen folgte bissiger Spott. Wenn ich dann sanft deine Stirn berührte, konnte es sein, dass du mir die Kleider vom Leib reißen musstest, um mich in gewaltvollen Stößen zu nehmen. Danach lagst du zusammengerollt wie ein Igel in meinem Schoß und ich vergaß die Erfahrungen eines früheren Lebens und wachte über deinen Schlaf.

Dann die Tage, an denen meine Angst Raum fasste und ich sie aus mir heraus trieb, indem ich dir nächtelang erzählte. Alles. Nichts ließ ich aus. Und du hieltst meine Hand und ich sah nicht die Kälte in deinen Blick steigen.

Ich arbeitete in einer kleinen Touristen-Bar. Kam ich abends nach Hause warst du oft in Gedanken versunken und nahmst mich kaum wahr. Später fand ich immer wieder leere Flaschen im Müll. Mitunter fragtest du nach den Männern, die ich an diesem Abend bedient hatte. Wenn ich dann nichts zu berichten wusste, beobachtetest du mich misstrauisch und zunehmend aggressiver. Wir lernten jede Schwäche des anderen kennen. Deine Versagensängste bei Frauen, die kein Potenzproblem waren sondern eines der Selbstverneinung. Ihnen alles Recht machen wollen. Dabei das zu verlieren, was dich einmal für sie so begehrenswert hat sein lassen. Mein mich Hineinstürzen in den Untergang. A und B in Einem sagend. Der Moment des Höhepunkts wie der Zieleinlauf des Gegners. Und ich mit schmerzender

Lunge weit abgeschlagen. Dennoch wissend, dass erst das meinen Erfolg ausmacht. Daraus den Stolz schöpfen, die Illusion ganz ich selbst zu sein.

Doch immer noch genügte ein leises Zeichen und wir versanken ineinander, jeder im anderen sich verlierend. Auftauchend aus solchen Umarmungen war mir oft, als wäre mein vergangenes und mein kommendes Leben nur dieses Zueinander. Als könne es keine Wirklichkeit davor gegeben haben und als bliebe danach nur ein schwarzer Abgrund.

Inmitten des Ineinander und Voneinander stand es plötzlich im Raum. Ich, die ich mit Vehemenz den Gedanken an ein Kind stets mit Sicherheit von mir gewiesen hatte, da ich meinem Zweifel keinen neuen hinzufügen, dem Egoismus nicht nachzugeben bereit war, die Kälte nicht in ein anderes Leben einpflanzen wollte, wünschte nun nichts mehr als das. Jan, der Sohn, wir wollten ihn beide. Die Erbmasse unserer Vorfahren schien nach Vereinigung zu drängen. Wir suchten unsere Augen in einem anderen wieder zu finden. Ein Kind der Liebe sollte es sein. Der Mensch, der uns eines Tages begrub.

Diesen Abend werde ich nie vergessen, als ich nach dem Arztbesuch dir von diesem Geschwür in mir berichten musste. Nein, ich würde allenfalls ein Stück entartetes Fleisch zur Welt bringen. Ich hatte ein Myom. Deine Augen waren wieder die aus dem Flugzeug. Und dafür liebte ich dich mehr denn je.

Schwester Maria - wie sonst sollte eine Schwester heißen - fegt mit wehender Haube und einer Menge Kanülen unter den Arm geklemmt in das Zimmer. Blutgruppenbestimmung, Blutsenkung, Aidstest sind angesagt. Mein Blut reicht nicht weiter als bis zu Röhrchen 4. Neuer Arm, neues Blut. Die Ärztin zeigt auf dem Ultraschall-Bildschirm die hoch aufgebaute Gebärmutter und das noch größere Myom. Etwas größer als die Tennisbälle von Boris aber bei weitem nicht so sprunghaft. Den Urin quäle ich mir heraus, war ich doch sicherheitshalber zu Hause auf dem Klo. Dennoch zeigt sich die Schwester begeistert von der kläglichen Menge.

Meine Zimmernachbarinnen haben es hinter und vor sich. Die eine entspannt, die andere auch. Das Dope wirkt hervorragend und sie schlummert seelenruhig dem Durchschneiden von Haut und Muskel entgegen. Seltsam diese Ruhe im Ausgeliefertsein. Der Fallschirm wird sich schon öffnen.

Draußen ist der Blick in den Himmel auf regenschwere Wolken und die Geschäftigkeit der Stadt wohltuend. Nur eben mal kurz ausgeschert sein und sich bald wieder einordnen können. Selten entsteht eine solche Zugehörigkeit. Jetzt, wo es ebenso geschehen könnte, dass Abschied genommen werden muss, ist alles so wichtig geworden. Nur dieses eine Leben noch bis an die Grenze durchleben. Bis an die amtlich anerkannte Lebenserwartung an sich reißen, festhalten, nur tageweise hergeben. Jede noch so lästig empfundene Menstruation glorifizieren. Ganz Frau bleiben wollen. Alle Samenergüsse auf ihre Zeugungsfähigkeit hin überprüfen. Nur dieses eine Kind noch wollen. Jan, der blonde Schelm mit den ernsten Augen, mit interessierten Fragen und schmusendem nah sein. Er ist wie sein Vater, er ist wie ich. Es gibt ihn nicht. Er geht mit diesen 60 Gramm Gebärmutter und dieser Muskelkugel in mir. Hätte er das Leben gewollt? Will ich es?

Der Stationsarzt hat meine Vulva besichtigt und sich entschlossen, einen schönen Schnitt von 20 cm Breite anzulegen. Er braucht Platz zum Arbeiten. Als Hemdenmatz scheine ich keinerlei Eindruck zu hinterlassen. Ein Stück näher meiner Rückkehr zur vorpubertären Zeit. Blank rasiert, eigentlich ganz Objekt männlicher Begierde werde ich also von eben jenen Männern aufgeschnitten und entweiblicht. Ein mitleidiger Blick des Anästhesisten. S i e haben Panikattacken - unerhört! Und der Chefarzt schaut mir nur so lange in die Augen, bis seine Kollegin ihm den Grund meines Aufenthalts mitteilt. Da fällt sein Blick sturzartig Richtung Unterleib und haftet dort für den Rest der Visite. Das EKG zeigt nichts von meinen Gefühlen, deren Platz doch im Herzen sein soll. Und langsam beruhigt sich die Station. So, als sei alle Hektik nur für uns inszeniert, um Leben vorzutäuschen. Die lange Nacht der Sturmvögel ist angebrochen. Der letzte Tag des Alltags.

Danach freilich war alles verändert. Ich verbarg mich vor dir und du hast dich nicht dagegen gewehrt. Deine Selbstverneinung siegte. Ich fühlte mich zweigeteilt, vom Leben abgetrennt, entweiblicht, verunstaltet, minderwertig. Auf jeden Blick, den du einer anderen Frau sandtest, achtete ich fortan. Nichts entging mir und doch nahm ich nicht wahr, wie du dich entferntest. Deine Spaziergänge wurden häufiger, die Lesestunden ausgedehnter, das Schweigen endlos. Abends, wenn du schon schliefst, allein, weil ich deinen vollständigen Körper nicht neben mir ertrug, durchwühlte ich deine Taschen. Und fand Muscheln, Steine, Notizen - die ich las und deutete. So deutete, dass du nicht mehr bei mir warst. Was stimmte. Ich hatte dich verjagt. Ich aber sah eine selbstsichere Frau ohne Schnitt quer über dem Bauch. Und nachts träumte ich von einem Jungen mit pechschwarzen Haaren. Ich sah dich eine dunkelhäutige Frau liebkosen. Dich zur Rede stellend schwiegst du mit Augen voller Ironie. Sah ich. So durchstarb ich die Tage ohne dich. Und setzte das Ende. An alle Katastrophen meines Lebens anknüpfend. Ich ging mit irgendeinem Mann, Gast in der Bar. Keines seiner Worte verstand ich. Aber das war auch nicht notwendig. Du hast es sofort gesehen. Das Zittern des Triumphs und der Niederlage auf meinen Lippen. Wortlos nahm ich den Schlüssel. Die Tür zogst du leise ins Schloss.

Eine Weile habe ich versucht das Haus zu verkaufen. Bis auf den schon erwähnten Kunden zeigte niemand Interesse. So bin ich geblieben und die Wunde begann zu eitern.

Die Bücher sind mein Halt. Ich fuge mit meinen Fingern staubfreie Straßen über Buchrücken. Was wird aus den Räumen, wenn wir sie verlassen? Bleibt das Buch ein Buch oder flieht es der Schrift. Endlich nicht mehr seinen Sinn erfüllen müssend. Oder sinnt es über Variablen des Endes nach. Nein, Madame verzichtet nicht mehr auf ihre Liebhaber, sie stürzt sich endlich in das Leben und die Männer lehnen sich erschöpft zurück. Freilich, betritt man dann wieder den Raum, steht das Buch unerschütterlich an seinem angestammten Platz. Täuscht es oder hat sich der Staub auf seinem Rücken etwas verflüchtigt?

Der Tag, an dem du die Bücher in Kisten auf den Speicher trugst, war einer jener, an denen ich dich hätte fragen sollen. Allein, mir fehlte der Mut. Hatte ich dir die Illusion geraubt? War deine Versunkenheit der vergangenen Tage wieder ein Abschiednehmen? Schon als wir auf unseren Spaziergängen abends auf dieses Haus stießen. Von außen sehr gepflegt, alte Steinfassade, dem früheren Stand entsprechend. Innen verblichene Tischdecken, angeschlagene Tassen, Teller mit Motiven ohnegleichen. Unter deinen Augen erblühte meine Sicht der Dinge. Männer in Pluderhosen flanierten an uns vorbei, ihre Schnabelschuhe stießen gegen Fußleisten und sie stolperten in die erste Etage. Mein Lachen hat dich wieder einmal verunsichert und dein Blick wurde dunkel. Du aber warst gerade aus meiner Zeit gefallen.

Wir verbrachten einige Zeit in der Toskana, um unsere junge Beziehung zu wässern. An jenem Morgen, als du in mir zu fließen begannst, wusste ich um die sanften Hügel und das unwirkliche Licht dieser Landschaft. Wohl wissend, dass da nichts sinnvoller sei als zu verstummen, wollte ich taumelnd, stammelnd, lachend, in Augen blickend an die Oberfläche. Mich durch Erdreich grabend, durch alle Niederlagen windend, schreiend ins Leben. Einmal nur. „Wo ich nicht bin, da ist das Glück!" Wer sprach dieses Urteil? Wer verdammte mich dazu, es anzunehmen? Der Vollmond über Siena. Wer mischte die Farben und für wen? Die Gräber auf dem Friedhof von Radda. Nicht ein Wort der Toten drang je an mein Ohr. Nie werde ich erfahren wie ihre Stimme klang, wie er sich bewegte, wie dieses Kind weinte. Oh wie schrecklich ist es, keinen Schatten zu werfen. Wir fuhren nach Hause und ich hatte das Gefühl, das Wirkliche versäumt zu haben. Das, worauf es ankam. Nur, auch du hast nicht erkannt, was uns entglitt.

Der Sturm hat sich gelegt. Die Fischer haben das Flickwerk an ihren Netzen beendet. Ein Lachen steigt in mir auf. Dieses Werkzeug ist wie ich. Man bedient sich seiner, erntet das Ergebnis und sorgt dafür, dass die äußeren Bedingungen erhalten bleiben. Indem man mit groben Fingern die Maschen enger knüpft. Jetzt fahren sie auf das Meer hinaus und ich beneide diese Männer. Sie bändigen Naturkräfte und quälen sich nicht mit den Wahrheiten der Welt. Die Regentropfen an der Scheibe legen sich wie ein milchiger Vorhang auf meine Seele. Die Angst kehrt zurück, schnell schließe ich die Läden. In meiner Brust schlägt ein Hasenherz. Wohin ich auch blicke - Igel überall.

Sicherlich hat sein Anblick ihrer Seele gut getan und so ließ sie ihre Augen auf ihm verweilen. Seine blauen Augen waren freundlich und unsicher, vielleicht leicht oberflächlich und ablenkbar.

Er jedenfalls hatte eine Erektion, als er sie in ihrem taillierten Kleid betrachtete. Diese Brust - wie würde sie in der Hand liegen? Und vor allem - wie setzte man den Anfang? Später, als ihre Hand bereits in der seinen lag, verspürten beide hin und wieder den Wunsch in sich, dem Jahrtausende alten Spiel zu entkommen. Allein in der Welt bleiben. Auf sich selbst zurückgeworfen zu sitzen und zu schauen. Doch da war ich bereits gezeugt.

Irgendetwas roch intensiv aus der Schultüte. Später fanden sich zwischen aufgeweichter Pfefferminzschokolade angefaulte Mandarinen. Entfremdet beäugte ich ein schreiendes Mädchen, das nicht von der Mutter lassen wollte. Was würde mit uns geschehen? Wusste dieses Mädchen mehr als ich? Meine Weitsichtigkeit ließ mich in der ersten Reihe Platz nehmen. Die Lehrerin schrieb etwas an die Tafel. Ich gehörte nicht zu denen, die es lesen konnten. Jedoch wartete das Märchenbuch seit Weihnachten auf meine Fortschritte. War ich katholisch oder evangelisch? Hatte ich Geschwister oder nicht? Nichts wusste ich. Sie stand vor mir und blickte streng.

Und ein guter Geist verhinderte, dass sie nach meinem Namen fragte. Ich hatte mich längst aufgelöst. Doch seltsam schnell ging es mit dem Lesenlernen. Das Gehirn war bereit, es wollte Stoff und es bekam ihn.

Die Todesangst setzte ein, als ich knapp zwölf war. Ich weiß noch, wie die Lehrer sich vergeblich abmühten, mir irgendetwas beizubringen. Sinnlos. Ich starb. Ich starb auch mitten in Verwandtenbesuchen. Vor einer vollständig eingedeckten Kaffeetafel packte mich der Horror. Das erste vom Teller genommene Stück Kuchen zerstörte die Ausgewogenheit. Bald wäre das letzte Stück verzehrt - dann kam der Tod. Über diese Depression sprach ich nicht. Ich ahnte, dass eine Zwölfjährige für dieses Thema gar nicht geschaffen sein sollte. Erst mit der ersten Verliebtheit verloren sich diese Gedanken. Das Herzklopfen und die erste Feuchte blockierten den Kopf.

Es war Klassenarbeit angesagt. Der Schmerz im Bauch steigerte sich ins Unermessliche. Ein leeres Blatt - nur nach Hause. Das Stechen der Messer in mir trieb mich heim. Auf der Toilette klebte die Unterhose Blut durchtränkt an mir. So schnell also würde nun doch mein Leben zu Ende sein. Schluchzend verlangte ich nach der Mutter. Verwirrt und prompt kam die Antwort: „Das hast du jetzt alle 4 Wochen!" Um mich herum versank die Welt in Fontänen von Blut. Das Erbrechen dauerte Stunden. Ich kotzte die ganze Verzweiflung über meine Zukunft wieder und wieder aus. Auch der Besuch der Nachbarin tröstete nicht. Man müsse jetzt auf mich aufpassen. Das Seil um meine Brust wurde zugezogen.

Schon einmal hatten sie mich betrogen. Als mitten im Winter eine Schwellung um meine Brustwarzen einsetzte und ein Mückenstich folglich nicht die Ursache sein konnte, hörte ich abends die Großmutter ihrer Tochter erklären, dass sie nun doch dem Kind die Wahrheit sagen müsse. Und ich erstarrte vor Angst. War ich dem Tod geweiht? Als Mutter den Büstenhalter brachte und ich mich im Spiegel betrachtete, wähnte ich meine Zukunft besiegelt. Eingeschnürt, unfrei, hässlich.

So starb sie. Mach den Mund zu - wollte ich ihr so gerne zurufen. Achte nicht mehr auf die Geräusche um dich her. Gib dich dem anderen hin. Höre in dich hinein. Großmutter starb vom Magen her. Die Krebsgeschwüre öffneten sich. Sie vergiftete sich aus dem Körper heraus. Als ihre Füße erkalteten, teilte sie uns mit, dass sie uns jetzt verlassen würde. Diese Frau mit der großen Angst vor dem Tod konstatierte lapidar, dass der Augenblick der Wahrheit gekommen sei. Als der Arzt erschien, waren schon die ersten Flecken auf dem toten Körper. Jetzt sind wir die nächste Generation - sagte der Onkel zu meiner Mutter. Einige Tage später zog ich in Groß-mutters Zimmer ein, mein erstes eigenes Zimmer. Ich hatte die Position der übernächsten Generation ganz unspektakulär eingenommen.

Die Dunkelheit im Raum erhellt die Gedanken. Das Ge-hirn, welch ein Speicher. Wieder und wieder öffnen sich so fest verschlossen geglaubte Schubladen, kontaktieren Nervenenden und bilden Trugbilder - Trugbilder?

Natürlich habe ich dem älteren Nachbarsjungen ge-glaubt, als er mir seine Erektion in die Hand legte und mir andeutete, das sei natürlich natürlich. Und doch schlug das Herz wie wild und ein Ohr lauschte ständig zur Treppe hin. Mutter kam. Tage später hatte er seine Freunde eingeladen, mich zu besichtigen. Andernfalls würde man mich einsperren. Kerkertief, Dunkelheit, Hungertod. Das ganze Märchenbuchrepertoire breitete sich vor mir aus. Und ich hatte keine Brotkrumen gestreut, um anderen den Weg zu mir zu kennzeichnen. So öffnete ich die Schamlippen. Und da war es: der Kitzel im Bauch, als ich die Augen der Jungen sich verändern sah. Nach Hause freilich ging ich nicht als Siegerin. Sie lachten miteinander, ich war nicht mehr Anziehungspunkt. So rächte ich mich. Mutter informierte die Mütter der Jungen. Und so schwoll ein Weinen aus offenen Fenstern und Väter schlugen auf ihre Konkurrenten etwas härter als vorgesehen ein.

Welche Schubladen öffne ich. Wie eine große Welle bricht die Erinnerung herein, quillt durch halb geschlossene Läden, baut sich dunkel drohend vor meinen hochgerissenen Armen auf. Ich kann nicht atmen. Luft…!

Seit Tagen hatte es geregnet. Durch die Türscheiben schauten wir auf die Wasserlachen, die den Bouleplatz unbrauchbar gemacht hatten. Die Männer saßen mit trübem Blick hinter den halb geöffneten Gardinen, die Frauen standen beieinander und diskutierten mit dem Gemüsehändler. Sie strichen verlegen die Röcke glatt und kokett die strähnigen Haare aus der Stirn. Er machte jeder den Hof und wog in Kilo und Gramm sein Mannsein ab.

Du kamst angewidert vom Einkauf heim und meintest, da hätte man auch gleich zu Hause bleiben können. Die Sprache nicht zu beherrschen. Das war die Rettung. Ohnmächtig dem Redefluss gegenüber, der von Wetteränderung, Königinnen und Maitressen, Sängern und ungeliebten Nachbarinnen mal ansteigend, dann seicht sich verlierend intoniert war. Das Nichtsprechenkönnen mehr als Unvermögen, es machte uns Zauberern gleich präsent. Wir wurden Dorfgespräch und gaben uns keine Mühe, aus den Flüsternachrichten zu entkommen.

An dem Nachmittag auf der Südterrasse, als wir uns stundenlang liebten, löste sich der Schrei und stand wie ein Atompilz über der tiefen Ruhe. Am Abend war ein seltsames Schillern in den Augen der Männer und manche Frau - sagtest du - rollte ihren Arsch in deine Blickrichtung.

Herausgelöst aus den Abläufen bestiegen wir Platanen und versuchten uns im pfeilschnellen Flug der Schwalben. Nur Nester weigerten wir uns zu bauen.

Kaum zurück saßen wir getrennt unsere Zeit ab, betätigten Stechuhren, berechneten Gleittage, sehnten uns schon nach Stunden zurück in dörfliche Markttage und anderssprachiges Spießbürgertum. Nur weg. Nur weg. Stets auf der Flucht vor uns selbst, vor der verbrachten Zeit in allen Haftanstalten der Fantasie. Der einsame Kinderschrei nach Wärme aus einer verloren geglaubten Zeit paarte sich mit dem Wunsch nach Verschmelzung. Einem Status quo auf dem Siedepunkt der Gefühle. Doch wir vereinsamten aneinander, wir waren isolierter denn je. Man mied unsere Sprachlosigkeit, unsere sich abwendenden Blicke, unsere vergeblichen Versuche, uns irgendwie mitzuteilen. Natürlich suchten wir auch Auswege und schienen sie zu finden in Selbsterfahrung und Gruppendruck, Wiedergeburt und gymnastischer Meditation.

Der Tag, an dem du einen blauen Stein als Sinnbild deiner selbst und einen weißen Kiesel und schwarzen Flusskies stellvertretend für deine Eltern auf den Tisch legtest und weit weg die Zeit durchschrittst; all die Jahre, die wir getrennt voneinander durchwacht und durchschlafen hatten, brachte mir die niederschmetternde Erkenntnis, dass wir nicht füreinander bestimmt waren. Dass ein kleiner Zufall uns zueinander geführt hatte und ein ebensolcher uns irgendwann trennen würde. Und schreiend rannte ich davon. Das zu zahlende Geld für die Sitzung wirbelte vom Tisch und wurde schnell eingesammelt.

Ich bin fremd in mir selbst. Das, was heraus will, sucht Unterschlupf zwischen Steinen und Grasbüscheln. Streckt sich nach den Wattewolken und schaut Zugvögeln nach. Das, was festhält, richtet sich häuslich ein. Verschuldet sich, macht Pläne, pflanzt Apfelbäume. Sie sind unversöhnlich. Sie spalten mich. Ob der Tag kommen wird, an dem ich einer anderen Stimme folgend diese zwei Richtungen in mir verlassen und einer anderen Raum geben kann? Ihr werdet es „durchdrehen" nennen. Ich nenne es „bei mir sein".

Ich war erstaunt, als der Junge vor mir stand, der nun nach unserem Umzug in die Kreisstadt ebenfalls mit seinen Eltern dort eingezogen war. Einzelkinder schauten sich an und die Hackordnung war klar. Er war der jüngere, er war männlich, er unterlag. Ich hatte das Spiel bereits erlernt, glich Defizite an Nähe und Wärme aus, schützte mich und schlug zu. Die Mafia trug ich in mir. Vollstreckerin war das Matriarchat: Großmutter, Mutter, ich. Manchmal freilich vollstreckten auch andere: Klassenkameradinnen, Nachbarstöchter, Lehrerinnen. Das Spiel kehrte sich gegen mich. Ich begann zu stehlen.

Dorische Säulen, billige Holzverkleidung an der Decke. Die überdachte Terrasse, das Meer in greifbarer Nähe, die schlanke Brücke, Autos wie ferngelenkte Spielzeuge. Die sanften Hügel Liguriens. Der Duft von Bougainvillea, Oleander und Basilikum über den Dörfern. Familien, die sich in die Häuser der Eltern ergießen. Sonntag, der Körper sitzend, die Seele zwischen Olivenbäumen sich orientierend, dann sich hebend, ein kurzer Gruß, bergwärts fliegt das Ich. Freilich verfehlten wir uns wieder und wieder. Hattest du längst die Küste hinter dir gelassen.

An Regentagen sahen wir uns erstaunt in die Augen. Zurück und ganz Fleisch und so, als müssten wir es festschreiben, schwoll unser Schrei. Mischte sich mit dem Donner des aufkommenden Gewitters und verebbte schweißgebadet sich beruhigend in regensatter Vegetation.

Der Skarabäus plagte sich Kugel rollend Hang aufwärts und Sisyphos gleich rollte die Kugel talwärts. Als du dem Käfer seine Heiratstruhe zurückgabst und sanft dem Ziel entgegen schobst, liebte ich dich mehr denn je. Er war nun ganz Mann, ganz gefasst und bereit, seiner Zukünftigen Geschichten aus 1001 Nacht zu erzählen. Lange noch wird man unter Skarabäen zu berichten wissen von Riesen, die manchmal den Weg queren. Aber nur, um sanft den Kreislauf der Natur gut zu heißen.

Jan, du Idee meines Körpers. Du warst da. Explosiv im Gehen uns gefunden. Eisprung. Vollmond, schwanger. Horrorvision des Glücks. Wo du mir abhanden kamst? Gebärmutterlos jetzt weiß ich, es war der Nestbau. Auch du wolltest keines. Glückliche Möglichkeit einer

Menschwerdung. Idee einer Genübergabe. Grenzgänger der Liebe. Du hast dich für andere Eltern entschieden. Für beide oder nur für eine andere Mutter? Und immer spüre ich den Fahrtwind in meinem Gesicht. Deine hellblonden Haare kitzeln an meiner Nase. Immer sehe ich das Fahrrad und dich. Laut lachend schweben wir durch Flusslandschaften. Deine nackten braunen Beine. Welche Möglichkeit einer Zukunft. Ist es der Mangel an Urvertrauen?

Die aufgequollenen Bäuche, die angstverzerrten Münder, die bettelnden Augen, der schnelle Griff ins Auto - eine Lederjacke, eine Kamera an sich reißend. Umgesetzt in ein Stück Vergessen. Der Schuss, die Fixe. Wo findet sich eine neue Einstichstelle an diesen zarten Armen? Oder hat dich nur dein Vater missbraucht? Wurdest du nicht auch an jene verkauft, die gestern noch dir das Haar aus der Stirn strichen? In welche Welt wolltest du geboren werden? Jan? Du hast die zweitbeste von allen abgelehnt. Wo, sag es mir, ist die bessere? Er wäre dein Vater geworden. Warum hast du ihn nicht zur Welt kommen lassen? Natürlich hättet ihr euch auch auf einem fliegenden Teppich durch die Zeit träumen können. Und immer hätte ich heiße Schokolade gekocht und dem einen die Nase geputzt und dem anderen die Sternschnuppen aus den Augen gewischt.

Die Ärzte meinten später, dies sei der Nachmittag gewesen. Der Rhythmus menschlicher Bewegung erstarrte zu einem abgehackten Stakkato. Eine Aufwärtsbewegung der Mundwinkel, gerade noch Zeichen der Entspannung, wurde affengleiche Bedrohungsgeste. Meine Finger legten sich um die Kaffeetasse und das Adrenalin schoss durch den Körper. Ferngesteuerte Roboterarme.

Ich schrie, bis die eierschalenfarbene ärmellose Jacke sich fest an mich schmiegte. Jedoch wurden die beiden Roboter mit den heraufgezogenen Mundwinkeln zur Ursache neuer Schreie. Bandagen an Armen und Beinen zu wohltuender Nähe fremder Kulturen. Außerirdisches Machwerk. Schlaf. Wachsein. Welche Wirklichkeit war die Richtige?

Eine Entscheidung war zu treffen. Ihr sagt, es war die falsche. Von nun an verweigerte ich jede Nahrungsaufnahme. Dieses Öffnen des Mundes. Aufeinander reiben des Mahlwerkes, Schlucken des zermatschten Breis. Ich stellte mich fremd, betrachtete erheitert den Weg der Patientinnen zum Klosett, sah den Brei - eben noch delikat duftend - stinkend, blubbernd, hämorrhoidal oder dünnflüssig sich ergießend in die dunklen Abgründe. Hörte Spülungen mehrmals gedrückt, Fäkalien klobürstenunterstützt treibend durch unterirdisches Machwerk zu überforderten Kläranlagen. Nein, ich stand nicht mehr zur Verfügung. Ich war längst versunken in die Betrachtung der Taglilie vor dem Fenster und weinte an Tagen absterbender Blüten, also täglich. Ich wusste, es würde nur der Anfang sein. Diese Verlangsamung des Denkens, die Qual der unendlichen Erinnerung, nun hieß es zu zahlen. Und ich zahlte mit meinem Körper. Wieder einmal. Jedes Zurückgehen ein Erbrechen. Jedes Verleugnen ein Absturz der Nerven in Labyrinthe. Und immer wieder der Süden und du.

Die Katze lag fast mittig auf der Straße. Die Kinder bildeten einen Halbkreis, die Autos hupten. „Die Katze endet im Müllsack und du in der zweiten Reihe von unten!" Da wusste ich noch nichts von Reihengräbern in vier Etagen. Zuunterst das billigste. Wie Altbau mit Außenklo. Doch auch zu mir würde man sich herabbeugen müssen wie zu einem Kind. Meinte er das? Später, als Touristen die Cafés bevölkerten, sahen wir den Mann, nervös, nicht wirklich bei sich. Wo sollte denn auch die Entspannung herrühren? An irgendeinem Flughafen - vielleicht in L.A - sich der Gepäckstücke entledigt, ein Augenblick der Ruhe. Dann der holprige Flug nach Europa und in Kamikazetaxis kurvenreiche Übelkeit. Schweißtreibendes Kofferschleppen zu Hotels in der zweiten Reihe. Eine Nacht in Steckmücken bewährten in der vierten Generation durchgelegenen Betten. Das Frühstück vorbei ehe es begonnen. Ein süßklebriges Weißbrot und ein Espresso für Herzspezialisten. Nun sitzt er hier, wischt das Bier mit dem Ärmel vom Tisch und schämt sich dafür. Ich möchte ihm die Hand auf die Schulter legen und einen vino alla spina einflößen. Urlaub, wir sprechen die Sprache des Business, der Süden hat seine eigene Sprache.

Und der Norden. Wie ich auch ihn liebe. Das Nordmeer, großer Bruder südlicher Meeresgespielin. Stürmische Nacht, wilder Morgen. Wenn sich die Augen an die Dunkelheit gewöhnen, sie langsam an Dichte verliert. Hier und da beäugen Sanddornsträucher den hereinbrechenden Morgen. Und waren eben noch vereinzelt ängstliche Rufe schlaftrunkener Vögel zu hören, so bricht sich unter ansteigenden Schreien und verhaltenem Singen tausender größerer Lachmöwen und kleinerer Austernfischer der Tag seine Spur in den schwarzen Himmel. Die Schwärme treiben der Küste zu, steigen in den geröteten Morgen und fallen in schnellem Flug hinunter auf die satten Wiesen. Das Schiff spart nun die Scheinwerfer und der Leuchtturm ermattet. Die müden Fischer und die sich aufbäumenden Krabben beenden die Gemeinschaft der ersten Nacht an diesem neuen Tag, der vertan wie alle anderen vor ihm sein würde.

Und die Vogelschwärme würden geflogen sein und die Sonne wäre im Meer verschwunden und hätte nichts von Zeit gewusst. So kamen auch wir an diesen Ort und unsere Schritte im Watt erloschen wie unser Wunsch nach Dauer.

Bilder kommen und gehen, bleiben, bleiben. Kriechtier gleich bewegt sich mein Körper. Das bin nicht ich. In Gesicht und Körper habe ich mir Wunden gekratzt bis es blutet. Nähe, mich erreichen wollen. Nachgetragene Liebe. Wo habe ich das schon einmal gelesen? „Haben sie denn immer geschwiegen, den sich aufbäumenden Magen ignoriert, sich so weit verleugnet, dass sie ihren Namen vergaßen?" Und immer so dicht am Töten. Eine Pistole bis zur letzten Kugel leeren. Stattdessen eine volle Packung Valium während Gelächter herüberschallt. Pille um Pille gegen diese unerträgliche Zuversicht. Die Sätze dringen wie Abbruchkanten an mein Ohr, rau, bruchstückhaft, Wellen umspült, gleich wieder hinfällig, unsichtbare Unverständlichkeit. „Sie müssen über die Barriere klettern, dort sind die Anderen!" Welche Anderen? Stockt die Barriere auf! Die Äste der Bäume werden von irgendetwas bewegt. Was war das noch mal? Mir fehlt das Geräusch zum Ereignis. Über allen Wipfeln ist Ruh. So stimmt es eher. „Sie geben sich auf. Warum?" Ich gebe mich auf? Bin ich ein Postpaket? Ich gebe euch auf. Die Wolken geben mich auf, sie ziehen aus meinem Standpunkt. Vor diesem steht nun ein weißer Kittel. Und ganz rechts ein kleiner weißer Rest eines Wölkchens. Scheißkerl, dafür werde ich deine Zeit missbrauchen, indem du Tag und Nacht daran denken musst, wie ich zu behandeln sei. Und irgendwann wirst du meine Arme losbinden müssen und ich werde davon fliegen und von oben auf deine Glatze kacken.

Wann genau ich meinen mittlerweile recht rippigen Körper wieder millimeterweise bewegte, weiß ich nicht mehr. Jedoch war sein Rhythmus keiner Zeit angepasst. Unorthodoxe Sicht der Dinge. Wie ein Kinderspiel stellte sich mir jegliches Leben dar. Ich habe damals viel gelacht. Und das führte jeweils zu einer höheren Medikation. Verändert am Überblick hat es freilich nichts. Handlungen sah ich wie auf einem Verschiebebahnhof. Nur, dass ich an den Weichen zu spielen im Stande war. Es machte mir Angst, aber es war nicht zu verhindern. Es geschah, es dauert und es wird mich vielleicht zerstören.

Sie grinst breit, als ich die Leichenhalle betrete. Mit ihrem dicken Hintern passt sie kaum auf den schmalen Stuhl, der rechts hinter dem Sarg steht. Sie hat sich schick gemacht. Das Rüschenhemd scheint mir jedoch etwas altbacken. Der Pfaffe wedelt mit dem Weihrauchbehältnis. Es stinkt. Sie sucht vergebens nach einem Taschentuch. Jetzt erzählt er aus dem Leben der Toten. Er malt rosarote Kitschbilder. Sie schnauft in ihren Ärmel. Als die Stelle mit der glücklichen Ehe kommt, prustet sie los. Sie grinst und schnauft, sie rutscht mit dem Stuhl näher zum Popen und lauscht. Nein, sie applaudiert nicht. Dann sollen wir die Tote hinausbegleiten zu ihrer allerletzten Ruhestatt. Kränze werden zur Seite gerückt, wir stehen auf. Der Stuhl ist leer. Als die erste Schaufel Erde auf dem Sarg landet, schaue ich mich um. War mir doch, als schnelle der Ast des Baumes zurück. Eine Entscheidung ist getroffen worden.

Immer meine ich noch Erklärungen geben zu müssen, wo es längst keine mehr gibt. Amphitheatralisch klettern die Häuser eng aneinander gelehnt auf die Hügel über dem Meer. Der Duft der Blumen beruhigt die Sinne.

Weinstöcke, Schweißarbeit, kultiviertes Erbe der Väter. Salz aus dem Meer, Würze der Trauben, schattenloses Dasein. Die Katze blickt angstlos, in ihrem Bauch drängeln sich die Jungen. Der Hund schlägt einen Bogen, Instinkt der Arterhaltung. Schreiend rast der Zug durch den Ort, seine Last fernen Zielen zugewandt. Eine Turmuhr schlägt. Die Zeit vergeht mit dem Gleiten des Seglers aus meinem Blick. Straße um Straße, über steile Treppen laufe ich mit dieser Todesangst im Kopf. Die Sonne muss ich aufhalten, die ruhig hinter dem Hügel verschwinden will. „Nein!" Die Adern des Kopfes drohen zu platzen. „Nein!" Alle Flüssigkeiten drohen zu verdampfen. „Nein!". Krampfgeschüttelt sinke ich auf die Stufen. Das sanfte Rot zeigt sich am Horizont. Die Fischer besteigen ihre Boote. Erste Lichter erhellen die Häuser.

Wir sind am nächsten Abend noch einmal zum Hafen hinuntergelaufen. Wieder bot die Natur das große Theater und wir applaudierten verhalten. Größere Kulissen erfordern größeren Beifall.

Schlendern, die perverseste aller Bewegungen - erlogene Unsterblichkeit. In den Gesichtern der Spiegel anderer Wahrheiten. Wir tranken unseren Prosecco bis zur Neige und stiegen zum Friedhof hinauf. Immer, wenn du dann diese Geschichte erzähltest, benetzte ich die Steine mit Zukunft. Uns Erdenmenschen bleibt der Wunsch, die Flügel ausbreitend dem Meer zu zu gleiten, das Salz auf der Haut zu spüren und wissend zu lächeln. Wir sind Sternenstaub und manchmal leuchten wir - Restwärme vergangener Zeit. Der Gedanke, später einmal Hühnerpopo oder Elefantenrüssel zu sein. Tod, wo ist dein Stachel.

Sitzend auf den Dächern der Welt halte ich nach dir Ausschau. Mitunter spüre ich dann deine Anwesenheit. Dein Arm liegt auf meiner Schulter und du erzählst und beschreibst, du erklärst und schweigst. Ich atme dich und du lässt mich gewähren. „Bist du glücklich?" fragst du mich und ich schaue auf das Meer. Und keine Antwort würde diesem Augenblick genügen. Ich werde körperlos und du bist „la Vita". Ohne dich das ganze Wissen meines Seins nicht zu ertragen. Jeder Fleck auf deiner Haut, jede Schweißperle, jede Sehne. Hinüber wachsen in dich, aus deinem Körper geboren werden, schmerzfrei, zuversichtlich, willkommen. In deinen Armen eine Wiege aus Geborgenheit, Angekommen sein. Kein Mann sein, kein Frau sein zwischen uns. Ich wollte nur Hand in Hand mit dir diese kurze Zeit leben wie ein Mensch. Zu viel. Du gräbst in deinem Garten, flüchtest die Menschen und wässerst deine Sehnsucht. Ankommen. Ein Wort wie sich aufgeben.

Die Blätter der Olivenbäume vollführen ihre nachmittäglichen Ballettstunden. Weiße Schmetterlinge passen sich paarweise dem Rhythmus an und die Eidechsen heben ihre Köpfe aus bewegungsloser Starre. Du hast eine Trockenmauer beendet und schwere Kastanienholzstämme geschleppt. Ich koche für dich. Niemals würde mir das geschehen - glaubte ich. Doch jetzt entfalten die Kräuter unter dem Wiegemesser ein Lied von Frühling und Erde. Du betrittst die Küche und legst die Hand an meine Wange. Ich rieche den Schweiß und das Essen. Der Wein und du schweben in mir, mit mir davon über das Grün, die sanften Hügel, die kahlen Hochebenen. Wir gleiten neben dem Adler und sein klarer Blick durchschaut unsere Hoffnung.

Dieses Buch - Tagebuch nanntest du es - wurde mein ärgster Feind. Es war Vorwurf und Versuchung gleichzeitig. Denn es wurde nur hervor geholt, wenn etwas Wichtiges geschehen war. Wichtig war für dich immer das Negative. Es musste festgehalten werden, durfte niemals in Vergessenheit geraten. Es war eine Lachnummer. Zunehmend schien es mir, du würdest diese Situationen suchen, warum auch immer. Selbst dein Schreien erregte mittlerweile einen Lachreiz in mir. Gefolgt von dem greifbaren Wunsch nach dem Messer. Ob es in mich oder dich versenkend, blieb ungeklärt.

An der Tischkante, eng aneinander geschmiegt, sind sie gestorben. Die anderen versuchten noch Kontakt aufzunehmen, vergebens. Wir saßen und aßen Zucchiniblüten in Bierteig, zerlassenen Fontina, frische blaue Feigen und Salami, Hähnchen in Sahnesauce mit Risottoreis. Mit den langstieligen Gläsern stießen wir auf sie an. Der Ameisenstaat löste sich auf. Aus dem Bau quollen tausende sterbende Tiere. Und andere, die sich auf Flügeln in die Luft erhoben und weit über das Tal hinweg flogen. Die Königin war nicht zu sehen. Die Quelle blieb verborgen. Ebenso mag es gewesen sein, als Staaten zunichte gemacht wurden. Man Einzelne laufen ließ um eine Legende zu gründen. Die Völlerei danach, sagt man, sei umfassend gewesen.

Hat er sie geliebt, die Mutter meiner Mutter? War sie attraktiv genug mit ihren Kindern von verschiedenen Männern? Hat er ihr die Ehe versprochen während er sie an die Wand nagelte? Hat er sie noch einmal gestreichelt, ehe er ging? Mein Großvater zeugte an diesem Tag meine Mutter, er hat sie nie betrachtet. Niemand hat ihn je mehr gesehen. Der Vater des ältesten Kindes und Ehemann der Großmutter hängte meine Mutter in ihrem Steppbettchen an den Garderobenhaken. Balg elendes!

Manchmal denke ich, dass Großmutter allein deshalb meinen Vater missachtete, weil er meine Mutter geschwängert hatte. Das elende Balg hatte sich überreden lassen, neues Elend zu zeugen. Das verzieh sie ihr nie und ihr Hass entlud sich auf meinem unschuldigen Vater. Das Elend war ich. Und schweigend huschte ich zwischen den Fronten hin und her. Im Niemandsland trafen die Kugeln nicht. Doch diese Last aus nicht ausgesprochener Verhärtung, dieses nicht verzeihen können, trug ich als Totgeburt in mir. Ein Steppbett an einem Kleiderhaken, eine nicht zu beschreibende Angst am Beginn der Wahrnehmung. Wir verzeihen nicht wirklich. Niemandem.

Als ich zurückkam, lag die Stadt bereits im Koma. Maskierte Geschäftigkeit füllte der blinden Augen Leere. Ich verstand die Sprache nicht mehr. Sich öffnende Münder, mehr oder weniger speichellos. Zuckende Augen, gestikulierende Hilfeschreie. Eine Stadt ertrank. Die Schwimmwesten waren längst ins Pfandhaus getragen und nie ausgelöst worden.

Im Hotelzimmer setzte ich mich auf die Kante des Bettes. Das hohe Fenster war geöffnet, draußen bellte ein Hund und ein paar Jugendliche lärmten. Der Verkehr ersetzte Geräusche menschlicher Nähe. Ich zog die Beine hoch, umschlang sie mit beiden Armen und wiegte mich. Die Blumenwiesen kamen zurück, die Murmeltiere pfiffen ihre Warnungen in den Wind und du lehntest an diesem Stein auf irgendeinem Gipfel. Nein, dein Körper lehnte an diesem Stein und du flogst lachend immer weiter werdende Kreise über mir. Bis ich dich aus den Augen verlor.

Im Erdinneren stöhnt und brodelt es - Hilfeschreie aus dem Gefängnis. Raum suchend in das Licht geworfen, sich selbst genug, gottlos, anarchisch, bricht sich die Magma ihre Bahn. Die Frauen werfen stolz den Kopf zurück, wenn sie ihre Häuser verlassen, richten ihre Kopftücher, zeigen keine Tränen. Diese Glut. Kalte Zigaretten in den Mundwinkeln tragen die Männer die Habe zu den Ladenflächen. Wieder verloren. Wie viele Jahre erneut der morgendliche Pfiff der Fabriksirene im Norden, den andere den Süden nennen. Aneinanderreihung durchschrittener Tage - das Leben findet später statt oder nie oder war schon durchlebt mit diesen Stunden im duftenden Gras. Mit summenden Bienen und einer Frau am Ende des Kindseins. Dieses eine Streicheln, dieser kurze Flug. Bitter bezahlt.

Mir selbst Schwester zu sein - die ältere und jüngere in einem - wie wäre das zu bewältigen gewesen. Stützen und sich fallen lassen; trösten und getröstet werden; reden und zuhören; erklären und nie verstehen. Taubstumm sein, neben sich stehen, Schwester sein neben sich.

Heiligabend, sagte die Kollegin, bereitete ich ein Raclette und während der Käse im Mund weich und warm sich anschmiegte dachte ich, mein Mann liegt jetzt im Kühlhaus. Er hat sich erschossen. Der Käse schmeckte gut. „Schwester!" schrie ich und umarmte mich trostlos.

Abgründe, in die ich mich stürzen möchte. Grund genug schon das Parken im fünften Stock. Phobien - sagten sie, Woher kam diese Elementarangst? Woher das Verlassensein? Habe ich gar keine Schwester? Bin ich gar nicht ich? Wer bin ich dann?

Später schlug es um. Meine Macht wurde zur Ohnmacht. Bewegungslos hoffte ich dem Leben zu entgehen. Nirgendwo aber konnte ich entkommen. Atemlos durchreiste ich die Länder meines Horizonts. Immer auf der Suche nach dir. Aber auch dieser Inhalt ging mir verloren. Ich sah die flackernde angstvolle Gewalt in den Augen der Menschen und hörte messerscharfe Kristallsätze, erbarmungsloser Überlebenswille. Erstarrt durchfror ich die Tage. Alles wissend, alles sehend, alles erleidend. Sie töteten einander und sie werden einander töten. Den faden Geruch nach Öl und den matten Glanz der Diamanten als Onaniervorlage nutzend. Paradiese am Ende eines totgeborenen Lebens erwartend, stürzen sich die einen auf Hochhäuser - das Paradies schon hier erleben wollend, verteidigen die anderen mit Gift und Galle ihr über Leichenberge anwachsendes Konto. Dazwischen fand ich keine Schlupfwinkel. Ich werde gelebt haben - der einzige Inhalt meines Denkens und täglicher Versuch, diesen Punkt schneller zu erreichen. Ich werde gelebt haben und ich werde diesen Weg gegangen sein. Überall weiß blühende Sträucher. Jeder Baum heraus geputzt. Jeder Vogel eine andere Strophe. Das Ich als Mittelpunkt eines Schneckendaseins.

Ich werde gelebt haben und ich werde den Weg gegangen sein. Das Foto wird retuschiert werden und der Weg wird leer sein. Die Vögel werden gesungen und der Wald sein Sonntagskleid getragen haben. Ich werde gelebt haben. Jahresringe gefällter Bäume. Nackt liegen sie und keine meiner Fragen wird beantwortet worden sein. Zu viele Jahre, zu viele Fragen. Der Weg endet immer am Horizont. Er ist nie das Ziel. Du wirst immer schon gegangen sein. Du wirst den Horizont lange vor mir erreicht haben. Du kennst die Fragen zu allen meinen Antworten. Ich werde gelebt haben.

Hospitalismus. Eingesperrt in eine Welt ohne Ausweg. Der Tod ist keine Versuchung mehr wenn man erkennt, dass man danach nur zugerichtet wird. Als komische Figur im Rüschenhemd oder lichterloh brennend und dann in eine Urne gepresst. Eine schnurgerade Umrandung oder ein paar Blümchen auf grüner Wiese. Es lohnt nicht den Aufwand, sich vor einen Zug zu legen. Ebenso gut kann ich hier am Fenster sitzen und meinen Verdauungsgeräuschen lauschen.

Es veränderte sich alles sehr langsam. Die Schübe nahmen ab. Ich merkte es daran, dass ich nicht mehr zuhören konnte. Wohl sah ich, dass sie mit mir sprachen, jedoch erreichte immer nur ein unerträglicher Ton mein Ohr, der meinen Gehörgang folterte und zur Bedrohung wurde. Ich weiß nicht, wann ich zum ersten Mal versuchte, diese Töne zu beenden. Jemand riss meine Hände von irgendeinem Hals und die Töne steigerten sich ins Unermessliche. Ich flüchtete in Unterschlüpfe, in Höhlen, Bachläufe, Baumwipfel.

Sie fingen mich ein. Sie malträtierten meine Ohren, sie verzogen ihre Gesichter zu einem Lächeln. Jedenfalls hatte ich das in der Schule einmal so gelernt. Lächeln = freundliche Lebensäußerung. Ich lächelte zurück, die Töne schwollen an. Und wieder versuchte ich, diesen Lärm zu besiegen.

So kam ich wieder und wieder hierher. Später blieb ich und nahm mir meinen Platz in dem Geräteschuppen auf dem alten Holzstuhl, an dem die Armlehnen noch intakt waren. Für meine aufgestützten Ellenbogen, mit denen ich mir die Ohren zuhalten konnte. Als sie mich holen wollten, setzte ich zur Gegenwehr an. Meine Stimme erklomm Höhen. Und sie war ausdauernder und verzweifelter als alle anderen. Ich hatte meinen kleinen Freiraum vor dem Weltuntergang retten können.

Von nun an ersetzte ich das Hören durch intensives Farbsehen. Es war mein einziges Lebenszeichen. Man begriff es nach und nach und fütterte mich vorsichtig. Das freilich verstand ich erst später. Damals durchreiste ich auf unendlichen Umlaufbahnen mein Universum. Intensives Lila am Abend schenkte mir manchmal eine Stunde Schlaf. Meistens aber saß ich wach und studierte alle Schattierungen von grau bis schwarz. Ließ die Farben gleich Kompressen auf meinen Augen ruhen, spürte Kälte und Geborgenheit. Diese Farben gehörten unbedingt zusammen. Schwarz, grau, dunkelgrün - die Farben des Lebens. Manchmal erwachte dann sogar die Erinnerung, dass diese fünf Finger eine Hand ausmachen und diese Hand die meine war.

Am Morgen, wenn sich die Konturen wieder deutlicher abzeichneten, zog ich mich mit dem Stuhl tiefer in den Schuppen zurück. Intensives Blau des Himmels, Sonnenstrahlen in wässrigem Gelb, das waren die Farben der Angst. Die Farben der Feinde, die mich nach getaner Arbeit in die Urne pressen würden. Schwarzer Tee und Kaffee wurden Lebensmittelpunkt. Sie peitschten die Nerven durch den Tag und bescherten mir kleine Herzstillstände. So wusste ich stets, dass die Nacht mich wieder aufnehmen würde wie der Schoß der Mutter.

Irgendwann brachten sie mir Obst und es gelang mir, einen von ihnen mit einer Gartenharke zu treffen. Er sackte zusammen und sie trugen ihn weg. Das Obst blieb zurück und ich schrie, bis mich die Nacht rettete. Es waren Mandarinen, deren Schalen aggressiv in der

Sonne leuchteten. Die Abstrahlung zersetzte meine Innereien. Ich musste mich übergeben und hatte tagelang Durchfall. Nachts setzte ich das Schwarz als Trumpfkarte ein. Nach Tagen waren die Mandarinen grau und ein leichtes Grün nahm mir die Angst. Jetzt waren sie essbar und der Geschmack der Schale erinnerte mich an ein längst vergangenes Leben.

Den Wald ließ ich zu. Er war ein Freund. Seine Stimme konnte ich ertragen. Sie war leise oder laut, aber nie schrill, nie befehlend, nie Verständnis vortäuschend, nie bevormundend, nie unterwürfig, nie freundlich, nie verärgert. Seine Stimme war wie sie war. Nichts hatte Macht über sie, nur der Wind. So verließ ich nach Monaten den Schuppen und stellte mich dem Wind. Das schrille Geschrei blieb hinter mir zurück. Ich war durchsichtig und sie konnten mich im tiefen Schwarz nicht sehen. Meine Augen aber sahen klar und waren zu Nachttieren geworden, die jeder Falle auswichen.

Der Wind war kein Freund. Er gebärdete sich wild und überheblich. Er schickte schnell ziehende Wolken gegen mich. Doch ihr Grau sprach eine vertraute Sprache. Die Wolken würden Verbündete auf dem Weg zu seinem Wohlwollen sein, dachte ich. Sie wurden es nicht, sie verweigerten sich mir. Ihr Hohn war nicht zu ertragen.

Ich gewöhnte mir an, mit der ersten Unfarbe des Tages aufzustehen und mit dem Anstieg zu beginnen. Selten querten Tiere meinen Weg - wir hatten keine gemeinsamen Ziele. Mit der ersten tiefen Röte stand ich auf dem höchsten Punkt. Jetzt sehnsüchtig den Tag erwartend, an dem die Winde über die Gipfel rasten. Sie waren überheblich, sie gingen mir selten aus dem Weg. Streng hüllten sie mich in ihre feuchten Arme. Frierend ließen sie mich zurück, wenn die Sonne mir ihr ungeliebtes Gesicht zeigte. Manchmal aber taten sich die grauen Flüsse zusammen und vereint holten sie die feiste Sonne vom Himmel. Schlotternd, taumelnd, schrill lachend, bahnte ich mir dann den Weg über Geröll, Bergwiesen, durch Tannenwälder, hinunter in Heuschober und Ställe. Nie haben die Ziegen mir beim Melken in den Topf geschissen, nie hat auch nur eine Katze vor mir getrunken. Ich war eine Gratwanderin, niemand und nichts wollten meinen Absturz provozieren.

Die Tage, an denen ich mich mit Erde bedeckte, nahmen zu. Wurzelwerk ausreißend, grub ich mich in feuchte Walderde. Kellerasseln, tausendjährige Erfahrung, wichen aus, aber gemächlich nur und ohne Furcht. Ihrer Blindheit hatte ich keine Fratze entgegen zu setzen. Sie übergingen alle Rituale, diese spielten keine Rolle in ihrem ausgeglichenen Alltag. Manchmal jedoch, wenn ich sie blutleer in Spinnennetzen fand, verfluchte ich das Universum und seine Klugheit. Dann sammelte ich die leeren Hüllen, durchbohrte sie und trug ein Amulett aus Erfahrung um den Hals. Abstoßender noch befand mich meine asoziale Umwelt. Den Wurzeln war es egal und die Spinnen hatten am Abend schon ein Armband mir gesaugt.

Das Mädchen bewegte sich. Stets bemüht, nicht anzustoßen. Es kreiste zwischen den schweigenden Erwachsenen und zauberte ein Lächeln auf enttäuschte Gesichter. An ihm lag es zu wärmen und dankbar nahm es den Abfall der Gefühle. Das erste Händchenhalten kam später und das Mädchen wünschte sich mehr davon. Es kreiste um all die Männer und wusste, womit ein Lächeln zu entlocken war. Auf die Umarmung wartete es oft vergeblich. So gab es seinen Körper und erkaltete. Einmal oder zweimal zog es einen viel zu großen Pullover an und glaubte, nun sei es nicht mehr allein. Und ein allerletztes Mal sah es voller Staunen, dass jemand ihm kein Lächeln entlocken wollte. Jemand legte seine Hand auf des Mädchens Schulter und war da. Hart war das Mädchen geworden aber voller Hoffnung. Die Tage brachen jedoch wie Glasscheiben und in diesen spiegelte sich nichts mehr von ihm. Das Mädchen blieb in seinen Träumen von Wärme gefangen und wollte seinen kalten Körper nicht mehr geben. Es wollte andere Umarmungen, einmal nicht mehr allein auf der Welt sein. So aber konnte es nicht wachsen und musste hören, dass es unnütz und keine richtige Frau sei. Es war doch erst 10 Jahre alt und konnte schon putzen und kochen, backen und Geld verdienen. Das andere Kind entlockte ihm aber kein Lächeln mehr und als es genau hin sah, war es ein Mann und des Mädchens Brüste verblühten bereits und das Leben lebte außerhalb seines Eingesperrtseins. Des Mädchens Worte wurden zu Kröten und der Mann ekelte sich vor ihnen. So stopfte es die Kröten wie sie herauspurzelten wieder in den Mund zurück. Dort aber mutierten sie zu Feuer speienden Drachen. Und immer mehr gab es diesen ihre Freiheit. Aber der Mann hatte bewaffnete Ritter und diese schlugen den Drachen die Köpfe ab. Ein letztes Mal sich aufbäumend verbluteten die Drachen. Aber keine Prinzessin erwachte und kein goldener Apfel rollte dem Mädchen zu.

So stand es und schaute. Und die Stille um es wuchs. Die Beine mit den Kniestrümpfen und Sandalen versteinerten. Die Kälte reichte bereits an des Mädchens Herz. Da erkannte es, dass es wachsen musste. Die Träume der Kindheit waren zu Ende. Es gab Menschen um das Mädchen herum mit all ihren Sehnsüchten und Phantasien, ihren Wünschen nach Geborgenheit und Freiheit. Der Fels, der es beengt hatte, zerbarst. Das Mädchen stieg auf die Brocken und hatte eine atemberaubende Weitsicht.

Am Morgen weiß ich nicht gleich wo ich bin. Das Rollen der Brandung holt mich zurück. Aber da ist noch etwas anderes. Langsam begreife ich, während die Sonnenstrahlen Muster auf die Wand zeichnen und kleine Fliegen spielend wie selbstverliebt sich im Licht tummeln. Etwas in mir hat den Panzer abgestreift und ein anderer Teil beginnt zu wachsen. Ich warte nicht mehr. Auf nichts. Ich bin wieder am Leben.

Der Laden an der Südseite des Hauses klemmt. Ich lasse ihn geöffnet. Es spielt keine Rolle mehr. Ich verschließe die Tür und lege den Schlüssel an die übliche Stelle. Der Bus wartet schon und ich eile ihm entgegen. Es wird nicht leicht sein, dich zu finden.

Lyrik von Georg Roos
+ 2015

Freitag, 30. November, 4-5 Uhr morgens

Liebe Mascha,

ich will dir ein paar von meinen Gedichten
aufschreiben. Mir ist grad was eingefallen und dann
mach ich mir 'ne neue Wärmflasche (entschuldige das
Gekrakel, aber ich zitter so).

Mein Herz hat sich
beide Beine gebrochen,
plötzlich und
so überraschend,
dass die Äugen
sich fast überschlugen
auf der holprigen Gass

62 zigstes Jahr

Hat mein Haus
Nie Bestand gehabt? Auf
Ewig von Rissen durchzogen,
Verlor es schon frühzeitig jeglichen Stand.
Mühsam lehnen Wand an Wand,
Steine splittern und
Von feinem Putz an den Wänden
Kann keine Rede sein.
Der Fußboden frisst
Den täglichen Staub,
Ich werde müde...in ihm...
Auch ohne Tür.

Und dies im 62 zigsten Jahr..

Altkluge Leute

Altkluge Leute
sprachen immer davon, dass
Bäume reden.
Soeben - zur Mittagsstund
hörte ich den Olivenbaum

Antworten

Erinnerung an einen
jener Tage
da es mich dieser Welt flieht
in das Wagnis deiner Schenkel.
Gewährend werde ich gewahr.
Bloßhändig verfeinerst du mir
die Male auf der Haut
mit deinem Blut.

Ich gebe dir
auf alle Fragen eine Antwort.

Auf der Stelle drehen

Schwindlig wird es
dem Schnelldreher verliert sein Auge
den festen Halt – irgendwo.
Blind schlägt
die Stirn sich wund.

Aussperrung

Steinhausig
entwöhnter Herzen schmerzlich
wissend führt der Weg
bergwärts hinauf
in strauchwindige Höhen.

Farblos fasrige Gletscher
sperren uns aus am Abend
finden wir den Abschied
von der Einsamkeit
im hungrigen Licht
eines Feuers.

Grau mein Haar
wusste ich es nicht schon
im Augenblick der Geburt?

Das Stück blauer Himmel
oder Das Glück der ersten Gipfelbesteigung

Oberhalb der Wolken zerfetzt der Wind die
menschliche Stimme und gleicht sie den baumlosen
Felsen an. Krummholz begleitet jeden weiteren Weg.
Stille herrscht. Real und unumwunden absolut ist das
Tun, das den Schweiß auf die Stirn treibt, den Körper
mit neuem Leben benässt.
Oberhalb der Wolken schließe ich mit meinem Leben
ab. Neige dazu, der Tiefe eine auszumessende
Sinnhaftigkeit zuzusprechen. Mit Worten bezwinge ich
meine Angst.

draußen

Draußen
fegt ein eisiger Wind
so redlich auch angetan
kein Kind
hält den Atem an
es gefriert schlicht
an den eigenen Tränen.

Flucht

Abwärts ging ich
der S-Bahn zu entwichen
offenen Glastüren und
Maß geschneiderten Toren.
An gefällten Bäumen
herrscht kein Mangel
auch an Blindheit zu leiden
ist nicht krankhaft.

Fremdes Erkennen

Verwurzelt
inhaltslosen Räumen
sträube ich mich
alltagslosen Straßen
betrete Cafés
nur das Schweigen
zu zelebrieren und
in Restaurants
gefriert mir der Atem.
Ich bin fremd
und ich erkenne dies
doch gesteinigt
will die Nacht
mich nicht willkommen
heißen
Blut soll schäumen
es sich ergießen
im unlauteren Kampf
der Geschlechter

Verwurzelt
inhaltslosen Räumen
sträuben wir uns
alltagslosen Straßen
betreten Cafés
nur das Schweigen
zu zelebrieren und
in Restaurants
gefriert uns der Atem.
Wir sind fremd
und wir erkennen dies
doch gesteinigt
will die Nacht
uns nicht willkommen
heißen
Blut soll schäumen
es sich ergießen
im unlauteren Kampf
der Geschlechter

geschmacklos

Wohl alles
ist beim Alten verblieben
offene Fenster
bespringt der Wind und
klappert unsere Herzen ab
im Rinnstein trübt
Blut sich eindickt
so unlebendig
schmeckt kein Wein

Größe

Größe hat ein eigen Gebälk
gewichtet von unfreier Last
gebärdet der Holzwurm
zügellos sich im Fraß
hohlhäutig speist
ein letzter Span
das Leichen fressende Feuer.

Ich bin nicht glücklich

Ich bin nicht glücklich; kann jedoch auch keine Wort für
das Unglück finden.
Wenn ich die Tür hinter mir geschlossen habe, entsteht
selten das Gefühl einen Raum zu verlassen.
Vielleicht besteht ein Zusammenhang darin, dass ich
ebenso das Gefühl vermisse, einen anderen Raum
betreten zu haben.
Veränderungen bleiben mir verschlossen und das
Mögliche hält sich mir verborgen.

In unbestimmbaren Stunden

In unbestimmbaren Stunden
ist das Verlorensein uns
abhanden gekommen.

Zwei Stühle
in das Fenster gestellt
die Fenster beschlagen
von der Wärme unserer Leiber
hoffen wir
auf geöffnete Türen
in uns.

Beschwerlich sind uns
die Wege
deren Leichtigkeit
wir aus keiner Erinnerung
beweisen können.

Leben

Leben
aufgeworfenes, ausgestoßenes
auf Ewigkeiten verlassenes,
den Hang hinab rollendes,
himmelwärts sinnendes,
lautlos sich lösendes,
nachtwärts alkoholisch getränktes,
morgendlich gestorbenes,
erdwärts drängendes,
leibhaftig begehrendes,
kindwertig lachendes,
des Möglichen unverstandenes
ungewolltes Müssen
in tagwärtigem Dösen.

Blicke in faltige Gesichter
schlürfen samtiger Säfte
in unheiligen Momenten
schenklige Spiele
an unbekannten Orten.
Dämmriges Schreiten
sich verlierender Zeit.
Hinwärts gehen ohne
anzukommen wo
Hoffnung sich verleitet.
Fußläufiger Ausfluss
meerwärts ohne erwartete Geduld.
Endwertiges Schweigen
dem untätig Seienden.

Nächtigens verlassen
wir unsere Häute
erwartend die Leere
schreiender Worte
Kein Haus behütet
nicht ein Möbelstück
bietet Gelegenheit
seelenwärts zu denken.

Wahrhaftig
nur der letzte Trug.

Mein eigenes Grab

Ich nehme mir vor
deinem Blick zu widerstehen
dem Wort
ein Wort beizugeben

Ich nehme mir vor
meine Trauer zu begrenzen
Jahre und deren viel zu viele
verbrachte ich am eigenen Grab.

Museum

Traum von einem Museum für Antikriegsbücher.
Endlose Reihen.
Was haben sie genutzt.

Nachtmärchen

Wenn ein Tag einhergeht
mit den Stimmen des Windes
Raum greift im Herzen und
des nachts Märchen erzählt
schweigen wir
vertrauend dem Morgen
der uns ein Lächeln
in den Kissen wiegt

Santorini
im Lavagestein erstarrtes Licht

Glühend heiße Lava
blutig reißt sich Fuß
auf Fuß springend
die Welt erfahren
abheben und
den Himmel köpfen.

Strande ich heute
in alten Mythen
Landwärts zeichnet sich
ihre Silhouette ab.

Sinn des Lebens

Seit Jahren sehnt es mich nach der idyllisch-
harmonischen Einheit, mich beschützend. Ging durch
nächtliche Straßen und sah in einem beleuchteten
Zimmer, einer Wohnung, einem abseits stehenden Haus
die Erfüllung meiner Sehnsucht.

Oggi: 07.April 2013 Loreley

Jene erhoffte innerliche Ruhe erlebe ich im Moment des
Schauens in fast unendlich scheinende Ebenen über
dem Rhein. Mein Blick gleitet in die Weite und desto
intensiver sehe ich mich. Was ich in der räumlichen
Abgeschiedenheit zu erfahren hoffte, wird mir fern aller
räumlichen Grenzen zuteil. Der Blick in die Ferne trägt
mich zu mir selbst.

Oggi: 29. Juni 2013 zu Hause

Heute, wenige Tage nach meiner Rückkehr von einer
vieltägigen Wanderung durch die Abruzzen, kann ich
diese auf der Loreley gemachte Erfahrung nur
bestätigen. Die gesteigerte Intensität ist der erholsamen
Erfahrung meines Körpers - das Schwitzen beim
Wandern - geschuldet. Einer Verästelung dieser
Erfahrung zu einer Sucht nach Weite und Wandern,
Schwitzen und Schauen bin ich vollkommen

aufgeschlossen. Noch nie hat ein Schluck Wasser mir so gemundet wie in den schweißtreibenden Augenblicken dieser Wanderung. Mit jedem Schluck sog ich diese Landschaft in mich ein. Heraus schwitzte ich den Ballast eines Lebens, dessen Sinn ich immer hinterfragte. Nun weiß ich, diese Frage erübrigt sich.

Am 10. August 2015, nach einer anstrengenden Wanderung bei großer Hitze und hoher Luftfeuchtigkeit, ist Georg Roos in Cicogna im Val Grande/Italien in seiner Wanderunterkunft gestorben. Möge er zuvor den Ballast des Lebens ausgeschwitzt haben und mit sich im Reinen gewesen sein.

sterben

Ohne ein Wort sterben

Ohne jemals
gesprochen zu haben sterben

Ohne einen Schrei sterben

Ohne jemals
geschrien zu haben sterben

So war einer nie geboren.

unbenannt 1

Ist der Abschied
sich erst abgerungen
blättert der Morgen
schon in einem neuen Buch

unbenannt 2

Mein Sein
ist das brütende Licht
auf deinen Brüsten.
Verstummt der Kuss
neigen Lippen sich
in behaarte Scham.

unbenannt 3

stotternd schritt landwärts
ein Mensch
verfiel sich
Schlamm schmatzend
an den Füßen
in seliger Träumerei

unbenannt 4

Rosafarbenes Meer
Sand schmirgelt Zähne
reibt Blatt auf Blatt
so werden
Bücher lebendig
schmecken und fühlen
unverzagten Willen
des Windes.

unbenannt 5

Wege zu gehen
durch Wüsten und
über glühende Asche.

Ödnis gelbgrasige Ebenen
inmitten ein blühender Baum
Winters schneebreiig die Flüsse
reißt der Frost seine Adern
der Erde ins Fleisch.

Kalt ist mir
kalt und glücklich zugleich
der Baum Blüten besetzt
farbweiße Tupfen ein klebriges Weiß
dem Aug zu nah stiert es.

Waghalsig folgt ein Fuß
dem anderen.

unbenannt 6

Und wenn ich glaubte
entronnen zu sein so
am späten Sonntag Nachmittag
lud die Sonne mich
aufs Neue ein
am Wege nicht zu verweilen

In den Tuben
verdörren die Ölfarben
in der Hitze des langen Tages
Papier schimmert welk
der Wirkung sich entziehend
Ich vermeine zu verstehen
ein Atemzug allein gereicht nicht
das Leben zu überstehen.

unbenannt 7

Jenem Kind in mir gereicht das Recht
geboren zu werden um erwachsen
dem Tag ein Lebewohl zu zollen.

unbenannt 8

Ich bin der strafende Leichtsinn
der Schwere des Lebens
zu unterliegen
Steine aufzuschichten
ohne auch nur eine Mauer
zu errichten
wenn nicht sogar
vier und
ein Dach
hinauf zu tragen
verdienen den Spott
fensterloser Blicke.

**und wir
weinen uns
in den Abend
tatenlos**

Vergessen ist mir
ein Morgen seelenwärtiger Hoffnung
ich weine mich
in den Abend
tatenlos geschwätzig

Vermag ich noch so zu leben
armlos den Blick
abgewandter Umarmung

Sohn lächle trotzdem
es dunkelt am Horizont
über der Sonne
Schleier sich formieren
nimm eine Kerze zur Hand

Ich saufe mich ein
in die Unberührtheit
der Körper
Ein Kuss schon
ist Vergangenheit

Möchte ich
der Blumen Pracht
mir einladend
das Land verlassen.

Verlust

Am Morgen
ist meine Gläubigkeit erstorben
verschmutzt entsteige ich
dem überlebensgroßen Weiß
eines kalt gebliebenen Bettes.
An meinem Fuß perlt
ein vergessener Schweißtropfen
von welcher Nacht auch
mir bleibt es verborgen.
Gegen Mittag lüfte ich
zum ersten mal die Füße.
Am Abend
so gegen Mitternacht
entsinne ich mich.

ziellos

Faltenloses Gewand
fesselt meine Seele und
tobt aus sein Spiel
im Schmachten meiner Hände.

Ziellos griff ich einst
in den Lauf der Gestirne
so wähnte ich die Wahrheit
zu verstehen.

zwanglos

Die Stille meines Zimmers
ist von beeindruckender Leuchtkraft.
Licht von unvergeudeter Anteilnahme
sehnsüchtig auf mir liegend
schmilzt die Demut des Lebens
mir im Herzen.
Kein sinnträchtiger Reigen
umschließt rahmenlose gefärbte Seelen.
In mir ist der Baum noch nicht gefällt
sind einzelne Äste jener ungewollten
Müdigkeit auch schon verfault darbend
ihre Schreie in meinen Ohren verklingen
ohne Maß und selbstgefälligen Stolz
entrinne ich kronenwärts hinauf
immerwährend suchend.
Als der Morgen begriff
leuchteten schon die Sterne .
Die Nächte fächern Luft mir zu
an den langen Tagen liege ich nackt
bloßer Atem harrend in allen Räumen
riechbar im schillernden Licht
werden Sehnsüchte sichtbar.
Stille herrscht berauscht und
verleiht mir Zwanglosigkeit
im herrschenden Ernst des Lebens.

Zwischen Kaufhaus und Kloake

Einsamkeit
bestimmt sich nicht
in der Anzahl
anwesender Personen.

Fluchtartig entsteigt die Sonne
vertrauten Wegen
abscheulichen Menschseins
zwischen Kaufhaus und Kloake
dem strittigen Alltag
gewohnter Anpassung
Gaumenfreudig ist noch die Bratwurst
schleicht das Fett auch schon
herzwärts ich lebe
ist unleugbare Bedeutlichkeit
Hat der Nachbar am Tresen
sein zehntes Bier nicht soeben
gesundheitsfördernd in den
Fingern zerdrückt
Schlichtheit im Licht des Raumes
die Selbstvergessenheit der Anwesenden
ist schier unendlich
Sprachlose Augen sehen an mir vorbei
Kein Spiegel ist
gegenwärtiger als der Tod.

Ich gehe
lasse sterben neben mir
dessen mein Leben
nicht erreicht.

willfährig

Hinter Mauern
ein Flüche haftendes Lauern
Erinnern.
Der Tod ist willfährig
vergiss dies nie
und knie
standhaft im Sand.

Georg Roos, Haus in Perinaldo, 2000